超絶で願いが叶ったすごい神社

運命カウンセラー　丸井章夫

マーキュリー出版

はじめに

本書を手にとっていただきありがとうございます。

「超絶で願いが叶った すごい神社」というタイトルからどんなことを想像されるでしょうか。実はまさに**あなたの願いを叶える神社の紹介の中身**になっています。

恋愛・結婚、仕事、ビジネス、健康、学業、試験、出世など私たちが望む願いは無限にあると思います。

そのあなたの願いをある特定の神社に行って叶えよう！というのが今回の本の目的です。

私は神社が幼少の頃から大好きで神社参拝歴は30年以上になります。そんな中、一般には知られない功徳を知ったり意外な体験を多くしてきました。

また、25年以上、運命カウンセラーで手相を中心に4万人の方にアドバイスをしてきました。占いにいらっしゃる方が知りたいと思うことは、きっとこの本を読まれている方も知りたいことなのではないかと思います。

占いにいらっしゃる方は以下のことを知りたい方が多いです。

①いつ結婚ができるか・・・つまり、結婚運です。もちろん、恋愛運も知りたいのです。そしていつ恋愛できるか、結婚できるか知りたいです。
②お金に困らないか・・・つまり、金運です。また、どういった分野で収入を得たいか知りたい方が多いです。いつお金持ちになれるかも聞かれます。
③職場に恵まれたい・・・つまり、仕事運と職場運です。
④家族とうまくやっていきたい・・・つまり、家族運、家庭運です。
⑤子どもに恵まれたい（妊娠し、子供を産みたい）・・・つまり子宝運です。
⑥受験や試験に合格したい・・・つまり受験運・試験運です。
⑦健康でいれますか？・・・つまり健康運です。
⑧人間関係、対人関係のこと・・・つまり対人関係運です。

普段はこのようなご相談に対して的中率の高い占術でアドバイスしていますが、「これはこの神社に行ってもらうと解決できる！」と思えば、それも伝えさせていただいています。その神社アドバイスがとても好評で、長年、神社の本を書いて欲しいと多くのお客様から切望されていました。

私はお客様からも貴重な神社の情報が沢山入ってくるという有難い環境で過ごしています。

そして、**願望成就の再現性の高い神社の存在を突き止めました。**

しかも、その神社に行かなくてもご祭神に守護してもらえる方法も分かり、本書に記しました。

私自身も高校受験、大学受験、就職、転職、恋愛、結婚、子育て、起業独立など人生の岐路には必ず神社に参拝に行って道を開き、奇跡を起こしてきました。

また、伊勢神宮に何度も参拝することによって天命を知り、現在は作家として書籍を書く仕事も行うようになりました。

また日々、神社の神さまからの恩恵を受け取り、幸福な生活を過ごしています。

本書は実は今までの既存の書籍にない内容が盛り沢山さんです。

私たち日本人は長い歴史の中で神社の神さまを敬い、神さまを頼りにして生きてきました。世界広しと言えども、日本ほど国土の全土に網羅される信仰の施設がある国はありません。

神社の神さまも私たち人間と同じように個性があり、様々な功徳があります。

本書では特に霊験あらたかと言われ、**分かりやすい形で功徳を授けてくださる神社を厳選して紹介しました。**

折しも本年は令和元年。新しい時代のスタートの年に読者の皆様の幸せを引き寄せるために本書が少しでもお役に立てれば幸いです。

令和元年十二月　丸井章夫

超絶で願いが叶った　すごい神社

目次

第1章　なぜ神社に行くと願いが叶ってしまうのか

第2章　縁結びの願いが叶ったすごい神社

第3章　商売繁盛！お金持ちになれたすごい神社

第4章　ビジネスに効いたすごい神社

第5章　子宝・安産・子育てのすごい神社

第6章　受験・試験に効いたすごい神社

第7章　健康運が上昇したすごい神社

第11章　蘇り復活したすごい神社

第12章　ゼロ磁場の特別のすごい神社

プロローグ

人はなぜ神社に行くのでしょうか？

実は私は幼少の頃にそれが気になって気になって仕方がありませんでした。神社参拝を見ているうちに、自分が神社ワールドに引きずり込まれた類なのです。

そもそも神社に行って願いが叶うのでしょうか？

その問いの答えを探すために私はいろいろと実験をしました。


結論から申し上げると、神社に行って願いをすれば願いは叶います！

今から30年ほど前、大学に入学したての時に東京から伊勢神宮と熊野神社に行こうと思い立ちました。大学生でもお金がないものですから、せっかく神社に行くなら最高の神社に行ってみたいと心の底から思ったのです。

そうです、**最高の神社に行ってみたい**と思ったのです。

それでまだインターネットもない時代でしたから新宿の紀伊國屋書店で神社の本を何冊か片っ端から立ち読みしました。そうすると、どうやら、日本で最高の神社というのは三重県にある伊勢神宮だということが分かりました。当時の私の認識ですが、最高というのは、有名なということと同義であったろうと思います。

その当時の認識はやはり正しかったと思います。なにしろ**皇室の奥の院が伊勢神宮**ですから。

そして熊野大社に行こうと思ったのはせっかく伊勢に行くんだから、どこか近くに特別な神社がないものだろうかと必死になって神社本を読んで

考え抜いてそこに決めたのでした。

なぜ当時、熊野大社に行こうと思ったのかといえば、本の題名は忘れてしまったのですが「特別に願いが叶う」という魅力的な文言があったからです。そして伊勢からもそこまで遠くないという大学生の甘い読みでした。普通列車で伊勢から熊野に向かうのは非常にハードな難行苦行だったのです。

さらに私にとって決定的だったのは吉方位旅行の魅力にはまっていたので、その年の7月は東京から西南60度の伊勢や熊野は年盤も月盤も大吉だったのです。

「これは行くしかない！」ということで青春18キップを手ににぎりいよいよ出発したのです。

あれから30年という年月が経ち、冒頭に書いた「神社に行けば願いは叶うのか」という命題については解答がでました。

「神社に行けば願いは叶うのです」

これは考えてみればすごいことです。ある意味、奇跡、そう、ミラクルなのです。

ということでここからは**足かけ30年かけて神社に行き、願いを叶えてきた神社のお話**です。日本国中、それはそれは**願いが叶うすごい神社がやはりあった**のですー。

願いが叶ったすごい神社は存在している！

私はずっと、多くの皆さんの願いが叶ったすごい神社をいつの日か紹介したいと願っていました。平成から令和になった本年、その長年の願いが叶いました。

私や私の周囲のお客様、友人知人は、さまざまな自分や家族の願いを「すごい神社」に参拝して願いがことごとく叶っています。

「すごい神社」という変わった名前の神社ではなく、願いが叶ったすごい神社の紹介の本になります。

願いが叶うこと自体、それは本当にありがたいことで、神社の神様には感謝しても感謝しきれないものです。行けば叶う、というシンプルな構図。

こんな上手い話ってある？と思う時もあります。

しかし、その奇跡をこの日本の神さまはやってのけるのです。

さて、私たち日本人は現在の私たちはもちろんのこと、祖先の皆さんも長く地域の神社を祭ってきました。

しかも、明治時代よりも以前においても自分の藩から遠くの和歌山県の熊野神社や三重県の伊勢神宮などに参拝に出かけていたという歴史があります。

古来より地震や洪水など天変地異が多かった我が国には目に見えない神さまにすがり頼る文化が醸造されていきました。

もちろん、お米が無事に収穫できれば、そのことを地域の神社に感謝の気持ちを込めて感謝の祈りも捧げてきました。

そうした神社の神さまと私たち人間が非常に近い意識の中で育まれてきた非常に珍しい国が我が国この日本なのです。

歴史を振り返ってもヨーロッパやアメリカ、アフリカ、アジアを広く見渡しても日本のように大量のおびただしい数の神社に相当するものはありません。

教会がそれに多少、近いと言ってもそれはひとつの神を信仰する場所であって日本のように八百万の神さまを敬うものではないのです。

さらに、長い歴史の中で日本では、**「縁結びにはこの神社が効くらしい」**、**「交通安全にはあの神社が効くらしい」**、**「仕事運にはあそこの神社が良いらしい」**とまことしやかに言い伝えが出来るほどです。

実際、**ある特定の神社が有名になるにはそれだけの理由が存在しています。**

ハッキリと神社の功徳を顕現させてくれるのはその神社が鎮まる土地の産土力も関係しているのです。

産土力を分かりやすく言い換えると「地域の特徴」です。

それはその地域や出身者を研究するとよく分かるようになります。

現在、既に有名になっている神社は長年の歴史の中でその功徳を存分に発揮してきたからこそ有名になっていると言えましょう。

そこで本書ではそれぞれの分野の願いことが叶うと言われている、まさに幸運を引き寄せる神社を紙面の許す限りお伝えしていこうと思います。

私の神社での神秘体験

私は秋田県鹿角市で生まれました。私の祖父は仕事を持ちながら鹿角市八幡平大里にある大日霊貴神社の雅楽を奉納する笛吹きをご奉仕で長年携わっていました。それで孫の私も小学五年生に達するとその笛を吹くことになっていました。

幼いころから神社に行く機会があったのですが、その当時から霊感が鋭く本来見えないはずのものが見えたりと、幼少の頃はそれを周囲に言えずに過ごしてきました。私の携わったその奉納するお祭りは現在ではユネスコ文化遺産に指定されるほどになりました。私が携わっていたのは五大尊舞です。

小学生だった私はその五大尊舞の笛の練習の時に、神社で非常に不思議な光景を見ることになったのです。

それは舞をしている方たちにどういうわけか境内の上のほうから非常に綺麗な光が舞い降りてくるのです。

一度ではなくそれが何度も見えて、「あれはいったい何だろう?!」と思いました。その光を見つめ続けると身体がジンジンしてきて何か電流のようなものが流れてくるのを感じました。

いわゆる神秘体験です。

今思えば**その光はご神霊からのエネルギー**だったと思います。

その能力は年々少なくなっていって良い波動を感じる程度まで下がってくれたことは思春期を迎えようとしていた私にとっては朗報でした。

波動の低い存在の霊を見なくて済むようになったからです。

さて、私が中学三年生の時にせっかく進学するなら大学の進学校がいいな！と思いました。それで隣の大館市の高校に進学したいと思い、そこまで成績が良くなかったもので、神社の神様にお願いしようと思いました。

そして、地域の天神様を探しました。それが鹿角市八幡平にある松舘菅原神社でした。とても古い神社で創建から千九百年と聞いています。

親友が松舘に住んでいたので自転車でよく遊びに行った折に、この神社によく参拝しました。参拝するたびに気のせいか随分、頭が良くなったような気がしました。

その後、驚くほどにそれまでの成績よりもずっとマシな成績に上昇していったのです。また、親戚のおばさんが高校の近くの神社（大館市東台の三峯神社）で日切り祈願してくれて、そのおかげもあって、見事合格することが出来たのです。

高校時代は部活動に熱中しましたが時々、大館市内の神社巡りをしたものです。

その中で老犬神社という忠犬シロを祭った神社に出会います。

忠犬ハチ公も秋田犬ですが、このシロも秋田犬で犬が神様で祭られていることに驚きつつも当時、そのエピソードにとても感動したことを覚えています。


そして、大学に進学し、東京に出てくると元々、神社に関心があった私にとっては毎日が神社参拝ができる環境で非常に感激したことを覚えています。

都内は神社が驚くほど多く存在して、しかもアクセスがビックリするほど良いところが多かったからです。

大学時代は都内はもとより全国各地の神社を巡りました。当時はＪＲの青春十八きっぷを最大限利用して、様々な神社に足しげく通いました。

その中で明らかに良い波動を感じる神社、嫌悪感を感じる神社の区別も自分なりに分かるようになっていきました。

いわゆる利き酒のようなもので、多くの神社に行くことにより気の種類を感じ取れるように自然となっていったのでした。

また、ありがたいことに**現世利益を頂ける神社にも相当数、参拝することが出来ました。**

「こんなにラッキーが続いて良いのだろうか？」と自身の頬をつねる程でした。

その後、10数年、会社員生活を送り、その中でも神社参拝を続け日々、実験を繰り返していきました。

実験と聞くと怪訝そうに思うかもしれませんが、神社の功徳をいつか多くの方たちにお話しできればいいな程度の感覚だったと記憶しています。

そして、今から10年ほど前に独立をして著述業にも入っていくわけですが、講演会などで多くの皆さんにお会いする機会があって、ますます神社の功徳を正確に伝える重要性を感じるようになったのでした。

なぜかというと、**やみくもに神社に行っても運を開けない人があまりに多かった**からです。

神社の神さまはそれこそ八百万の神さまが存在していて、何か専門の分野を持たれているということを多くの方々は知らないで参拝していたのです。

例えば水道がでなくなったのに修理を散髪屋さんにお願いしに行ったようなものです。どうやら神社の神さまも私たち人間と同じように得意分野と不得意分野をお持ちだということが長年の体験で分かっているのです。

ですから、皆さんには効率よく自分の願いを叶えてもらえる神さまのお話を知って頂きたいのです。

本書では恋愛・結婚、仕事、金運、健康など様々な分野の得意な神社の神さまを紹介していきますので期待してください。

第1章
なぜ神社に行くと願いが叶ってしまうのか

なぜ神社に行くと願いが叶ってしまうのか7つの理由

これには7つの理由があると私は考えています。

①切なる願いがあって、真剣にお祈りするため神社の神さまが願いを叶えてくれる。
②切なる願いがあって、真剣にお祈りするため神社の御眷属が願いを叶えてくれる。
③切なる願いがあって、真剣にお祈りするため神社に神さまがそこにいなくても本人の頑張りで願いが叶う。
④切なる願いがあって、神社のある場所が風水的に龍穴のように素晴しいため願いが叶う。（神社の場所自体がパワースポットになっている）
⑤切なる願いがあって、神社のある場所がアストロ風水の星のラインが通っていてそのおかげで願いが叶う。
⑥神社がある場所で長い間、ご祈祷など神霊的な行いを積み重ねて、神社の神域が素晴らしい磁場になっているため、足を踏み入れるだけで自動的に叶う。
⑦神社でお願いするときに手を合わせてお願いすることになり、親指の第一関節（仏

眼）から潜在意識に願望が刷り込まれて叶う。この7つの理由の中に5つ「切なる願いがある」ことが前提条件にしています。

というのは普通はお金を払う、時間を費やすという行為は何かを確実に獲得するときに行う行為だからです。


ここで、この本を読んでいる皆さんに聞きたいです。

「神社に行くことで何かを確実にゲットできますか？」

霊能者やサイキックであれば、神社に行って自身が見える神社の神さまに直接お願いできて何かの功徳を頂いた！と確信ができるでしょう。

しかし、一般の皆さんはそれが出来ません。ですから一般の方は神社に行ってお願いをしてそこで満足をして帰っていくわけです。

この通り、神社に行った瞬間に何かを得るということは霊的に敏感な方以外は分からないのです。

何か得ることができるか分からないけれどもそこに出向くという日本人。

私はここが日本人の潜在的な目に見えないものを理解する能力の高さだと考えていま

す。

実は神社に参拝に行くこと自体が、通常の生活では得られないことを得られる機会になっています。

確かに一般の皆さんには神社に行って神社の有名無形の頂いた功徳は見えないでしょう。

しかし、私は断言します。

神社に行って真剣に向き合えば必ず功徳をもらっていますよと！

神社に真剣に向き合うとはどんなこと？

神社の神さまに真剣に向き合うためには必要なことがあります。

形から入るのがひとつ、それから、形はないが心得ていくことの二つです。

形から入る方法は「正式参拝」で神さまに自らの真剣度合いを見てもらうということ

です。

神社の賽銭箱に硬貨を入れてお願いすることを誰が言い始めたか「チャリンコ参り」と呼ばれています。

それに対して「正式参拝」はその名の通りに正式な参拝です。（このことを昇殿参拝とも言います）そうです、神社でご祈祷を受けるということです。

これには祈祷料が五千円からが多いのですが自分の気持ちを込めてお願いすることです。（ご祈祷料は神社によってさまざまな設定があり、三千円からという神社もありますし、六千円からという神社もあります）

もしあなたが会社経営をしている方であれば可能であれば御神楽をあげてもらってください。神社によってその金額は違いますが、おおよそですが二万円から御神楽です。

それから可能な限り、**天津祝詞は覚えて唱えると効果があります。**

社殿の前で賽銭箱に賽銭を入れた後に二礼二拍手一礼したあとでこの天津祝詞を唱えるです。

この天津祝詞はネットでも文言を確認できますので、是非、暗記して唱えるようにしてください。

もうひとつ、形はないけれども重要なことは、参拝する神社の神さまのことを詳しく知って出かけるということです。

神社の神さまのことをあなたの遠い先祖だと思ってください。この近い気持ちが必要です。

それと、あなたが人に会いに行くときに名前だけではなくて円滑に話せるようにとプロフィールを調べたりしていくはずです。

神さまの場合も同じです。神社の歴史や神さま（ご祭神）の名前、役割、史実などを調べていくのです。

調べていくことが面倒という方もいるかもしれませんが、調べるだけならネットで検索すれば良いだけですので時間もそうかかりません。

是非、調べて神社に出向くようにしてください。

そのほうが神社の神さまに好かれますし礼儀にかなっています。

言霊で叶う仕組み

私たちの祖先は石器時代、縄文時代という歴史のスタートがあり、北方民族、南方族等々の混血を繰り返して原日本人が形成されていきました。

そこには村が広がり小さな国ができ、しだいにその人々が話す言葉は「大和言葉」と呼ばれました。

その大和言葉を話す日本人がその当時の人々の息遣いを和歌として編せんされたのが「万葉集」などにまとめられていきます。

その万葉集には驚くべき記述があり、それは日本人には「言霊」という特殊な概念があり、大和言葉にそれが眠っていると考えられました。

言霊という言葉は万葉集に3度だけ出現します。そのうちの1つを紹介します。

神代よりいひつてけらく、空見つ大和の国は、すめろぎのいつくしき国、言霊の幸はふ国と語りつぎ、いひつがひつつ、今の世の人のことごと、目に前に見たり、知りたり。

（大昔から、言い伝えて来たことには、此日本の国は御先祖の神様達のおこしらへになった立派な国であり、それから、言葉には不思議な作用があって、霊妙な結果を現す国だ、と語り伝え、言い伝えしてまいりました。）

折口信夫『口訳万葉集上』（文会堂書店）より

祈ったので神さまが、その祈りを聞き分けてくれて祈りの効果がある。

これが普通の場合なのですが、**祈りを言葉に出したこと自体が価値であるというのが日本の言霊**です。

そして、古来の日本人、つまり私たちの祖先は大和言葉に物事を推進する力があると信じることができました。それを信じることで、**予言の自己成就**ができるようになるのです。

このように言葉には、物事を推進する力があります。言葉に出すことで具現化する力が生まれてきます。

言葉の中に本来眠っている「言霊」の力により、夢を叶えられると信じて、行動したのです。そしてこの行動は今現在の私たちも無意識のうちに採用しているのです。

ですので、この本に掲載されている神社に行ったら、**必ず、願望を声に出してください。神社の神さまや御眷属がきちんと聞いてくださいます。**

遠隔で神社を活用する方法

「嫌なことが続くので大至急、魔を払いたいんです！」

「子供が大学受験なので緊急でなんとかしてほしいです！」

と私に大変多くの相談があります。

そういった場合にはこうお伝えしています。

「今から述べる神社にすぐに電話をしてご祈祷をあげてもらってください。そしてお札を送ってもらうようにお願いしてください」

と。

例えば香川県の金比羅神社さんは令和元年現在、電話でご祈祷を受け付けてくれています。

しかもご祈祷後にお札まで送ってくれて、後払い（郵便振替）というどこまでも親切なのです。（一般的には電話で連絡した後に、指定された口座に祈祷料を振り込みます）

神社の神さまの御神力は私たちが思っている以上に強力なのです。

どんなに**遠方に住んでいようとも神社のご祈祷のパワーは必要な人に強力に届く**のです。

そして、時間が出来た時に、お札を送ってくれた神社に実際に出向いて感謝の参拝をするとますますあなたは神社の神さまに愛されて幸せな人生を歩むことができるでしょう。冒頭で私は「つながることが大事」と書きました。この本では１５０社のすごい神社を紹介しましたので、お近くのすごい神社に参拝すれば画期的な効果があります。しかし、残念ながらすごい神社の近くに住んでいない方にとっては有益な情報であっても活用することが難しい・・・とおっしゃる方もなかにはいるかもしれないと思いました。

それで「お札を家に飾る」ことですごい神社の神さまの功徳とつながる方法をこれから書きます。

いまにも潰れそうな会社には、神社のお札が祭られていないということが数多くの経営者が私の鑑定に来て言うのですから間違いない事実。

そのような経営者には「**どんな理由をつけてでも一刻も早く神社のお札を祭ってください。**」とアドバイスをしています。

お札には神社の神さまの分魂が鎮まっているので、その神さまを祭れば、その神さまとつながることが出来て、功徳をもらえるのです。

（ただし、お札の効力は約一年ほどです。一年経過する前にまた、お札を手に入れるようにして祭ってください。）

また、家でゴタゴタが続き、さまざまな困難が続いているという方に聞いてみると、お住まいに神社のお札がないと言います。

これも会社の経営者と一緒で、一刻も早く神社に行ってご祈祷（正式参拝）を行って、その際にもらえるお札を祭ることをすると良いのです。もちろん、その後、熱心にそのお札にお願いごとをすると効き目が長く続きます。

すごい神社に行って正式参拝したいけれど、そもそも、近くなくかなりの遠方という方はつながりたい神社のホームページをまず見て送付してくれるか確認ください。

切羽詰まる程、願いは意外に叶う

もうひとつなぜ特定の神社に行くと願いが叶うのか？なぜ神社に行くと願いが叶うのでしょうか？どうしてか分かりますでしょうか？

神社に鎮まっている主祭神など特定の神さまがあなたの願いを叶えてくれるのでしょうか？

もちろん、そうです。しかし、それだけではないのです。

あなたがなぜ神社に行って参拝すると決めたのか・・・その動機なのです。

そう、あなたは特定の願い事を叶えたいという気持ちを持って、熱意の程度の差は人それぞれあれど、その神社に出向いているという事実が大きいのです。

神社の御神前で柏手を打ち敬虔なお祈りをしたこともあることでしょう。その瞬間はおそらくは雑念がない状態で心からその対象に向かっています。

だからこそ、ますます自分にとってその叶えたい願いや夢がなお一層、大切なものと認識されるのです。ですから、神社に行く回数が増えれば増えるほどに対象に何度も向き合っていることになり切羽詰まるほど案外、願いは叶うのです。

神社の神さまに好かれる方法

神社の神さまに好かれるとあなたの夢や願望がドンドン叶いだします。場合によっては奇跡が毎日起きることにもあります。

①「特定の神社に何度もご挨拶する」

神社の神さまも人間と一緒で何度も自分のところまで来てくれる方に親近感を持ちます。単純接触の法則の通りに、会う数が多ければ多いほど良い印象を持つと言います。そして、自分を必要としてくれることがハッキリ分かるので、ご神徳を多めにくださいます。

せっかく参拝するのですから、自分の住所や名前、年齢、職業など細かく言葉にすると良いのです。そうするとますます神さまに好かれるようになります。

②「神社でお願いしたことについて現実的に努力をする」

神社でお願いしたことについて一生懸命に努力をしていくと、神社の神さまは大いに喜ばれます。努力をしていると神棚に置いたお札や身に着けているお守りに、その努力の報告が行き、神社の神さまにも伝わっていくと言われています。

神社から頂いたお札やお守りは神霊的な中継地でもありますので、努力をしていると神社からエネルギーが降り注ぎます。

③「おみやげ持参で神社に行く」

時々、御神酒を果物をおみやげで持ってきてくれるのも神社の神さまは喜ばれます。実際に神社の神さまがお酒を飲んだり、果物を食するわけではなりませんが何か目に見える形で持ってきてくれるこの心に感応するのです。これはヒトも同じでちょっとした心配りが大事なのです。ただし、これは何度も行っている神社が良いでしょう。

④「特定の神社の功徳を他人に話をする」

あなたは他人から自分の良い評判を聞いたらどんな気持ちになりますか?とても嬉しい気持ちになるはずです。神社の神さまも自身の神社のことをほめてもらえたりすると大喜びます。神社の神さまは喜ぶと次に実際に神社に参拝した際には以前よりももっと大きな玉（目に見えない功徳、神徳）を与えてくれるのです。

また、あなたが神社を勧めることにより、現実的に紹介を受けた方が神社に行けば運が良くなるので、「他人の運を上げた」ということで徳を積むことにもなります。この徳はこの世の幸せを創造するエネルギーですので、あなたがもっと幸せになっていくことになります。

⑤「可能なら同じ神社に3度、参拝する」

魔法の数字（期間）は「3ヶ月」です。以前、大和言葉は言霊だから実現する、叶うという話をしました。私自身、何度も試しましたが3ヶ月の間に3回行くと効果が高い傾向にあります。

ここでもう1つ、数霊（すうれい・かずたま）のお話もお伝えしましょう。

数字は0〜9あります。その中で最も実現を引き寄せる縁起の良い数字が「3」なのです。

「3」はすべてを生み出す数としても有名で易経に「1は2を生み、2は3を生み、3は万物を生む」と書かれています。

3という数字は願いを引き寄せる際にも特に有効です。この数字を使って期限を区切ってみるのがいいのです。

これが同じ「3」でも3日では期間が短過ぎて叶うものも叶わなくなってしまいます。

実際、神社に参拝して3日後に願いが叶っているかは実現性に疑問があります。

また、3カ月が長いと感じる方は「30日」という区切りもいいでしょう。

その場合は1ヶ月(30日)の間に3回参拝してみると良いのです。

⑥「お礼参りをする」

あなたが何かお願い事が叶ったら、折を見てその報告をお願いした神社に行うと大変喜ばれます。お礼参りと言われるもので、私はこれはサンドウィッチ形式と呼んでいます。願いが叶う前に神社に行き、願いが叶い、また神社に行くという一連の流れのことです。

「神社の神さまのおかげです」という謙虚な気持ちに神社の神さまは大いに感応してより一層の幸運を授けてくれること間違いなしです。

神社で潜在意識にアクセスし願望が叶う仕組み

ここで、思い切って、神社の神さまにお願いすることで願いが叶う、もう1つの「真相」をお伝えすることにします。

それは、「仏眼」（親指の第一関節付近の目のように見える部位）を通じて、願う人の想いが、潜在意識に伝わっているからです。

あなたは、潜在意識に働きかけて願いを込めると、叶うことを知っていますか？

いわゆる引き寄せ系の本にこの仕組みはだいたい書かれているわけですが、潜在意識を活用すれば願いを叶えることができるのです。

言い換えれば、**潜在意識に願望を刷り込むことができると、それを実現させようとする働きが起こり、実際に叶っていく**のです。

「天才」と呼ばれる過去の偉人、発明家、偉業を成し遂げた人たちは、この潜在意識にアクセスする方法を意識的もしくは、無意識に知っていたと言われています。

人は日中には顕在意識が大部分で、潜在意識に意識的にアクセスすることはできないと言われています。

しかし、**人体には、「仏眼」という潜在意識にアクセスできる場所があります。**

では、この「仏眼」はどこにあるのでしょう。手の平を出してみてください。手の親指の間接が、目のような形になっていれば、「仏眼」です。

この仏眼は非常に感性が鋭い人に出る線ですが、かなりの方たちに出ています（なお、この仏眼が出ていなくても、親指の第一関節が潜在意識にアクセスできることには変わりません）。これが、神社に行って、両手を合わせてお願いして、願いが叶うといった一連の流れの説明になります。

確かに神社の神さまにお願いしているのですが、親指の第一関節にある「仏眼」を通じて、自分の潜在意識にブツブツ言ったり、気持ちを込めて手を合わせたり、場合によってはスリスリしている方もいます。

要するに、日中、**潜在意識にアクセスするためには、親指の第一関節に少しの動作が必要なのです。**お祈りをすると人によっては親指は多少動いていて揺れている状態になります。

そうした状態の中で、自分のお願いをするときに潜在意識に届くのです。

お勧めの「両手親指の仏眼を擦り合わせての願掛け」について

私の発行しているメルマガで何度も紹介しているのが「両手親指の仏眼を擦り合わせての願掛け」です。この方法の「両手親指の仏眼を擦り合わせての願掛け」は強力に効き目がありますので是非やってみてください。

これだけで驚くほど願望が叶います！！

「先生、いつも素晴らしいメルマガ配信をありがとうございます！早速なのですが、これで開運した！コーナーですね。以前、先生のメルマガでもご紹介下さっていた、両手親指の仏眼を擦り合わせて願掛けをお勧めされていらっしゃいました。

私は左手親指だけが仏眼なので、効果はどうかな・・・と思ったのですが、一つでも仏眼なので、すり合わせてお願いをしました。プラス、毎月1日と15日に神社で両親指をスリスリ願掛け。間もなくして第二子を授かりました！来年2月頭に出産予定です。何事も実行あるのみという事を教えてくれた例だとシミジミと思いました。

先生のお教えのお陰です。」

東京在住のMさんからのメッセージでした。

さて、今回、すごい神社として紹介している神社の特徴として、霊験あらたかな効果があることはもちろんですが、神社の創建が非常に古いことも重要視しています。昨年、創建されましたとか、数年前にできましたという神社はあまり紹介していません。

創建が古ければ古いほど、その神社のパワーが強い場合が多いのです。

長い期間、熱心な参拝があった神社には気が凝結していますし、伊勢神宮がその代表例です。

実はこの対象物に対するイメージもその霊界を作っています。

世界を見渡せば例えば、イスラエルの聖地エルサレムはユダヤ教の「嘆きの壁」、キリスト教の「聖墳墓教会」（イエスが十字架に架けられたと言われる場所）、イスラム教の「黄金のドーム」という3大宗教の極めて重要な聖地が一ヶ所に集まっています。

また、長年その**3大宗教を信じる人たちがエルサレムを聖地と思って二千年以上が経**

過していきます。

そうしますとその想念の積み重ねでエルサレムそのものの「気」が凝結し、ひとつの超巨大な幸運エネルギーになっているのです。

その他の地域では**近年ではアメリカのセドナも聖地として崇められています**が、やはり実際に訪れた方たちの敬虔な思いがますますパワースポットとして栄えさせていると言って良いでしょう。

もちろん、創建が最近であっても特別な加護を与える神社もあります。

それは創建や歴史が浅くても祭られている神社の神さまが特別に張り切っている場合です。

そのような神社を探す喜びもあります。

それと創建が古い、浅いにかかわらず、いわゆるパワースポットと呼ばれる場所は波動が高く、その波動によって願いが叶いやすくなるということはあります。

今まで紹介してきたすごい神社が遠方にある場合は、ちょっとしたコツでより効果の上がる参拝になります。

そのやり方は、あなたのお近くの一宮の神社や社格の高い有名な神社に例えば「今度、子宝を授けてくれる霧島神宮に参拝に行ってきます。無事に神社に行くことができて素晴らしい参拝になりますように。」とお願いするのです。

そうすると神社の神さまのネットワークで「今度、氏子の○○がわざわざ霧島神宮に馳せ参じるとのこと。格別のご守護をお願いいたします」と伝令があるのです。

事前に近くの神社で言っておくことで通りやすくなるのです。

そもそも、神社というものはご縁がなければ辿り着けない場合もあるほど神聖なのです。

目的の神社のすぐそばに行きついたのにそれから皆目、位置が分からなくなるという不思議な現象を鑑定のお客様に幾度も聞いたことがあります。

やはり、特定の神社との御神縁は存在しているようです。

願いが叶った絵馬の書き方

絵馬を書いて収めることは神霊的に神社に馬を奉納するのと一緒の行為です。
以下の点について心がけて書くと叶いやすくなります。

①叶えたい期日を決める

（〇年〇月までに、〜〜さんと幸せな結婚ができますように）

期日を決めて書く効用はいわゆる「締め切り効果」。ゴールを意識することにより具体的に書いてください。

②感謝の心を添えて書く

「ありがとうございます」という言葉は、感謝の言葉ですから、ダイレクトに幸せになれる言霊です。

スピリチュアルに興味のある外国の方もそれを知っていて、わざわざ日本語でそのまま「アリガトウゴザイマス！」と何回も唱える人も多いそうです。

また、有名な面白い実験で、水の入ったコップに「ありがとうございます」という言葉を書いて貼ったコップと「殺す！」とかそれは酷い言葉を書いた紙を貼ったコップを置いて1日経って水の結晶を見たら「ありがとうございます」の水の結晶は、非常に綺麗な形だったのに対して酷い言葉のほうはズタズタな結晶だったそうです。

考えてみて下さい。人間は7割が水分で出来ています。

言葉の影響が、どれほどの影響力が体にもあるか分かるような気がします。

ですので、参拝の際にも常に感謝の心を添えて書くのが良いのです。

③願いが叶って幸せな時の感情をイメージできる言葉で書く

妄想して、嬉しい、ドキドキなどの気持ちを言葉にすることは大切です。

斎藤一人さんが女性に対してよく言われるアドバイスは「きらびやかなモノを装飾しなさい」と「ついている言葉を使いなさい」の2つだそうです。

これには「さすがだなぁ〜」と思わざるを得ません。

光るものを身につけていれば、外見が明るく見えます。

外見が明るく見えるということは目立つということでもあり、運がよくなる秘訣でもあります。

二番目の「ついている言葉を使いなさい」もとても素晴らしく言葉は言霊（ことだま）ともいわれており、発する言葉によって運が左右されてくるのです。

いつも明るい言葉を発している人には明るい素晴らしい運気がやってきます。

逆に、いつも暗い言葉ばかり発している人には暗くて退廃的な運気が訪れるのが常です。

ですから、言葉はとても大切に扱う必要があるのです。

この言葉を絵馬に書いてみるのが良いのです。

なお、**神社に行って叶う大きな理由は、波動の高い場所で願望のイメージをハッキリと思い浮かべられれば、未来がそのようになるという法則があるからです。**

また、**イメージや参拝の際の言葉によって自分自身の潜在意識に深く刻まれて、脳の二度叶える働き（願った際のイメージがひとつ、それが鮮明であれば、現実的に叶えるという不思議なパワーがあります）また神力の後押しがあって叶うのです。**

なぜ神社に行って願いをお祈りすると叶うかといえば、神社が特別な場所であることが大きいのです。どこの場所でも波動があって、波動レベルでは他の場所に比べて非常に良い波動になっているのが神社なのです。

あとは、そこにどんな人が集まっているかも、その場所に大きな影響を与えます。

例えば、東京都豊島区にあったトキワ荘には一時期、手塚治虫、藤子不二雄、石ノ森章太郎、赤塚不二夫など当時若き才能あふれる漫画家が集まりました。同じ目的を持つ方が集まった好例で、もちろん、そこに住んだ方たちは漫画家として成功していきました。全く別の例でいえば大学の医学部には将来、医師になる人たちが集まっているので、医師になれる場所になっています。勉強を怠らずやっていけば国家試験に合格して、医師になれるわけです。

神社の場合は長い年月の間、願いを叶えるためにものすごく多くの人が参拝し、沢山の方々が願いが叶ったという稀有な場所。

そのような場所は他にありますでしょうか？

願いを叶えるためには、わざわざであったとしても、やはり、神社に出向いて自分のお願いをする。これが大切なのです。

そして、特に本書に記載のある、いわゆる「すごい神社」では特に願いが叶うのです。

第１章の最後によく私が質問を受ける神社に関することをＱ＆Ａ式で書いてみます。

Ｑ１：神社に行くたびに正式参拝をしたほうが良いのでしょうか？

Ａ１：相談内容の詳細が分かれば答えやすいのですが、なかなか答えにくいですね。ケースバイケースと答えておきます。必要があれば正式参拝をしたほうが良く、そこまで必要がない時は正式参拝をしないという選択で良いでしょう。

Ｑ２：せっかく神社参拝に行こうと思っているのですが、方位が悪いのでどうしようか迷っています。

Ａ２：方位の影響は三泊四日以上で距離が直線距離で百キロメートル以上の場合に影響がハッキリ出るものです。ですので、この数値未満であれば気にせずに積極的に神社に参拝に行きましょう。

Ｑ３：吉方位旅行に神社参拝を組み入れるのは効果がありますか？

Ａ３：はい、絶大な効果がありますのでお勧めします。

なお、拙著『金運を引き寄せたいならノートの神さまにお願いしなさい』（サンライズパブリッシング刊）に九星別に令和元年から令和三年までの吉方位一覧表を掲載しておりますのでその本で確認していただけると幸いです。

Ｑ４：一日に多くの神社に参拝することについてどう思いますか？

Ａ４：遠方に出向く場合で必要な神社が相当　数ある場合は参拝したほうが良いでしょう。しかし、地元の神社でたまたま時間が空いたからと言って沢山の神社を一気に巡るのはあまりお勧めできません。

第2章
縁結びの願いが叶ったすごい神社

縁結びで奇跡が起きる八重垣神社（島根県）

出雲大社周辺には沢山の神社がありますが、とても印象に残っている神社が八重垣神社です。

八重垣神社は少々こじんまりした神社です。ＪＲ松江駅よりバスで20分ほどで到着。婚活に奇跡を起こすと言われているこの八重垣神社の神力にただ、ただ、敬服します。例えば、恋愛成就を助けると言われる椿が大木になって成長しています。その姿に私は感動のあまり、もう呆然として佇むしかありませんでした。

八重垣神社の由来は須佐之男尊と奇稲田姫がこの場所で新婚生活を始めた場所です。鏡の池などまさに恋愛成就に相応しい場所もすぐそばにあるなどまさに奇跡の場所です。東日本からは甚だ遠方の出雲方面ですが、恋愛・結婚でご利益を得たい方は出雲大社とともに、八重垣神社だけは訪れて頂きたいと思います。

なお、既婚者の方で倦怠期を打破したい場合にもこの八重垣神社は非常に素晴らしい効力を発揮してくれます。

さて、私は八重垣神社を以前から鑑定のお客様に参拝を強く勧めてきました。その結果、多数の実際起こったことを報告を受けています。少し紹介しましょう。

「先生、何時も為になるメルマガを有難うございます。先日、出雲の八重垣神社のお話しを書いてらっしゃいましたが、面白いお話しを一つ。

先輩から聞いた話しです。八重垣神社に参拝した時に勢いあまって池にはまってしまいました。

季節は2月でとても寒かったのですが、その旅行から帰って直ぐに縁談があり、とんとん拍子で話しが進み、ご結婚されたそうです。

それから、後輩の間で「いざとなれば、八重垣さんの池に飛び込め！！」が、言い伝えとして、引き継がれております（笑）。」

「先生にアドバイス頂いた吉方位旅行、三回目にして爆発しました！

出雲は本当に素晴らしい旅でした。人との出逢いをたくさんしました。色んな景色や気を感じました。

八重垣神社では、鏡の池の占いで、池の主のイモリさんたちが私の紙付近に遊びに来てくれました。

彼らは良縁を運んでくれるとの噂でした！本当に叶いました！

（※鏡の池に神社で頂いた紙を沈めるのですが紙の上に硬貨を載せて早く沈むか遅く沈むかでその後の恋愛や結婚の動向を占うもので非常に神秘的です）

少しお休みしようとしたタイミングで、今の彼に出逢いました。彼といると楽しいです。落ち着きます。

私を幸せにしなきゃって、頑張ってくれてます。」

気多大社（石川県）は圧倒的な恋愛成就の神様

この気多大社は超絶すごいのです。何が凄いのかー。

恋愛・結婚を素早くまとめてくれる、つまり成就させてくれる神社といえば北陸屈指の歴史を持つのが気多大社です。

この気多大社は本当に桁外れのパワーがある神社で、私は行くたびに全身がビリビリと電流が流れるような感覚になります。

具体的に何がすごいのかといえば、実際にこの恋愛や結婚など叶った報告の数が圧倒的に多いのです。

実はこの気多大社では願いが叶ったら、神社に報告するという暗黙のルールが存在しているんです！（暗黙のルールは言い過ぎかもしれませんね。皆さんが自発的に神社に報告されているようです。）

そう、願いが叶ったら神社のホームページに投稿するんです。

なんとその数、既に7万8千を超えています！（令和元年十一月末現在）

是非、気多大社のサイトを実際に見て感動してください。

私も時折、サイトを拝見しますが、毎回、感動しています。やっぱり幸せになるってとても素敵なことです。

さて、私が気多大社を知ったのは大学時代です。石川県出身の大学の同級生が、故郷の自慢話でいつも「気多大社に行くとモテる、モテる。みんなの縁結びが上手く行く奇跡の神社」と話していたからです。

北陸の方は特に真面目で性格の良い方が多いのでその言葉を信じて、私も気多大社を参拝しました。

私は「結婚できる人を出現させてください」とお願いしました。

どうしてそのようなお願いになったかというと、恋愛の回数が多くても結婚に結びつかないと、なんだか寂しいな！と思っていたからです。

気多大社でそのように参拝した後、ちょうど半年後に家内との出会いがありました。

その後、結婚しましたのでこの気多大社の功徳は本当にすごいと思います。

私は現在、名古屋と東京で鑑定を行っていて、北陸の方も結構な数、いらっしゃいます。

その北陸のお客様に聞いても気多大社に参拝してからすぐに伴侶を見つけたという方もいます。

気多大社は恋愛・結婚以外にもオールマイティな功徳があり、特に北陸の方であれば近いので何でもお願いされると良いと思います。

願ったとおりの異性が現れる！氷室神社（兵庫県）

私は日頃、さまざまな方の人生相談に乗っていて、関西方面でも時々出張で鑑定を行っています。

地域を問わず、やはり恋愛や結婚の相談は多いもので、関西でどこか縁結びに良い神社を探していました。

この氷室神社のことを知ったのは今から十年ほど前のことでした。

当時、ノート術の本の構想があって、書くことについて何でも良いので情報を集めていた時期です。そんな時に偶然、氷室神社のことをネットで知ったのです。

日本最強の恋愛パワースポットと呼ばれる神戸市の氷室神社は縁結びの神さまで有名な大国主大神をご祭神として千八百年以上の歴史を持つ神社です。

この神社は、恋愛に関する具体的な願いごとを手紙に書いて祈願するという参拝方法で大変な人気を誇っています。

しかも、参拝する人が具体的な願いごとをそのまま成就してしまうということでかなり有名になっているのです。

氷室神社のれんあい弁天の教えは紙にこうあります。

「手紙に自分の名前と結ばれたいお相手の名前とお願いしたいことを書いて本殿前の『愛のポスト』に気持ちを込めてご奉納ください。

まだお相手のおられない方は、理想のタイプを簡単にお書きいただいたら結構です。

皆様の手紙、お願いは神さまに届けられます」

この神社で紙に書いた内容の異性は実際に現れている方が非常に多く驚嘆するほどです。ただ、ここは声高に言いたいのですが、もし仮に紙に書いたタイプの男性以外とおつきあいをすると後で別れてしまうという不思議なジンクスがあります。

氷室神社に参拝したときの気持ちを大切にして、初心忘れるべからずです。

要するにあまりにも劇的に具体的に書いた異性を引き寄せてしまうのが氷室神社の神さまなのです。

なお、拙著「幸運を引き寄せたいならノートの神さまにお願いしなさい」（すばる舎リンケージ）でこの氷室神社を紹介したあとで参拝客が増えたという嬉しい噂もあります。

恋愛・結婚が超絶叶う神社　出雲大社（島根県）

良いものは良い。ツイているものはトコトン良い影響を与える。

そんなことを長年、鑑定をしてきて学んできました。

運の良い人はどこまでも運が良くなるし、運が悪い人はどこまでも運が悪くもなる。

それならば「良いものにつながったほうが良い」というのが私の長年の開運術の結論です。

日本一、縁結びで縁起の良いものといえば、出雲大社が最も有名で私だけでなくどなたもそのように思うのではないでしょうか。

出雲大社は文献を遡ると江戸時代中期には出雲大社の縁結び信仰が広まっていたようです。

確認できる文献は江戸元禄時代の井原西鶴「世間胸算用」に「出雲は仲人の神」と記載されているものが最も古いもの言われています。

出雲といえば、10月の神無月は島根県では神在月と呼んで、日本全国から神様が出雲大社に集うというように言われています。

出雲大社は島根県出雲市にあり私の住む愛知県から西の方角にあり、私の鑑定に訪れたお客様が西の方位になるときに三泊四日の吉方位旅行を勧めています。

実に百余名を超えるお客様が出雲大社への吉方位への旅行に行ったわけですが、西の吉地方方位効果はまさに恋愛成就、結婚成就ですので、ピタリその効果が出たわけです。（通常、吉方位旅行に行くと行ってから一年以内に大変良いことが降り注ぎます）

そういった三泊四日の旅行だけでなく、時折、信じられない素晴らしい結果の報告を度々もらうようになりました。

これはどうしたものかという思いを持つように

なったきっかけもこの縁結びの神さまと呼ばれる出雲大社です。

なんと三泊四日未満でも出雲大社に参拝した後に結婚や妊娠をするというお客様が続出してるのです。

極端な例では一泊二日でそのあと、劇的な展開があり、幸せなゴールインに至ったケースもあるのです。

やはり、出雲大社には奇跡的な素晴らしい効力があります。

また、あまり知られていないのですが、出雲大社は神奈川県の寒川神社とは違った魔を払うありがたい働きがあり、変な事柄が続いている方はそれを改善する力を授かります。

私も人生のピンチの時には助けられました。

また、出雲大社の周辺には素晴らしい神社が数多くありますので、時間があれば是非、参拝されると良いでしょう。

東北屈指の恋愛パワースポットは十和田神社（青森県）

東北屈指のパワースポットと名高い十和田湖と十和田神社は青森県と秋田県の県境にあります。

私はその地域からそう遠くない場所で育ったため十和田神社の功徳は幼少の頃から沢山聞いて育ちました。

この十和田神社のご祭神は日本武尊です。十和田青龍大権現も祀られています。

龍神の中でも有名なのは九頭龍ですが、この十和田の青龍も素晴らしいパワーがあります。

つまりは龍神のパワーで恋愛運アップの神社なのです。

龍神は神様の御眷属ですが具体的に参拝した方にエネルギーを与えますから、恋愛運はお手の物なのです。

龍神と言えば多くのサイキック曰く長野県の諏訪出身の龍神が全国シェアでいうとナンバーワンと聞いたことがあります。それでもこの東北の緑豊かな地方も古くからの森があり、その森の中の樹木がエネルギーとして龍神になるということも耳にします。

十和田湖は恐山、川倉賽の河原地蔵とともに北東北の三大霊場と称されています。また、十和田湖周辺には奥入瀬渓流があり、その景色に癒される方も多いと聞きます。

私は日頃から方位のアドバイスもしている関係でこの十和田神社がなぜ恋愛パワースポットと呼ばれるのか分析しています。なぜかというと関東から見て真北がこの十和田湖周辺なのです。

北は元々、恋愛や結婚のエネルギーがあります。東京から偶然にも吉方位で十和田湖を訪れた方々に吉方位効果も手伝って、素晴らしいパートナーが出現しているのだと推測もしています。

また、十和田神社の周辺には時間が許す限り足を延ばしてほしい神秘的な場所が多く存在します。秋田県鹿角市十和田大湯のストーンサークル（環状列石）は日本のストーンサークルとして特別史跡第一号で約四千年前の遺跡。また日本のピラミッドのなかでも、もっとも美しいピラミッドといわれるのが、同じく鹿角市十和田大湯にある黒又山ピラミッドです。標高二百八十メートルの円錐型の山に太古のロマンを感じ入るもので波動が高いことでも有名です。

光源氏のモデルのようにモテ運を授ける廣田神社（青森県）

青森県にある廣田神社は全国唯一の病役除けの功徳として知られる神社です。しかし、今回、掲載した功徳はモテ運として私は紹介します。

特に男性にモテ運を授けるパワーがあります。

もちろん、女性もモテモテになっている方が多いのですが、なぜこの廣田神社にそのような異次元のパワーがあるのか私は最初は分からなかったのです。

分かったのはご祭神を知った瞬間です。ご祭神の一柱に藤原実方さんがあるのです。

この藤原実方は生前、超モテモテの人物だったのです。

三十六歌仙にも選ばれるの程の才覚、才能を持っているうえに源氏物語の光源氏のモデルとも言われる美貌もあったとされる人物が祭られているのです。

「枕草子」で有名な清少納言とも深い恋愛関係だったとされ、恋愛の名手でもあったわけです。

ですから、この廣田神社に行くとそのパワーを分けていただけるのです。

これがすごい神社の大変ありがたいところです。
功徳が広まれば広まる程、ご縁のある方が参拝してますます神社の功徳が広まってい
く良い循環が始まります。
そういう意味では本書の意味は意義深いものであると思うわけです。

さて当地の青森出身の方あるいは青森在住の方は実際に色白の美男子、美人が多いと
いう印象があります。日照時間が他の地域に比べて少ないだけではない青森の廣田神社
の産土力は大いに発揮されていると確信しています。
青森と言えば青森の地名は非常に興味深いものがあります。
例えば一戸、二戸、三戸、四戸、五戸、六戸、七戸、八戸、九戸と続き、十和田と落
ち着きます。
この連続性を感じさせる地名には古い言い伝えがあります。一説には太古の時代にユ
ダヤから失われた十部族が日本を目指して渡来し、青森周辺に住み着き、それぞれの部
族の名称を表したものとも言われています。真偽のほどは誰も分からないことですが、
ロマンを感じさせる話です。

赤い糸の伝説の発祥地は三輪大社（奈良県）

三輪大社は奈良県にある神社で正式には大神大社と言います。この三輪大社は日本最古の神社と呼ばれ、実際に古き日本の伝統を残してくれている神社です。

三輪大社の社殿の右方向に山があって登れるようになっています。ここは時間が半日ほどあったら登ってみると良いです。三輪の神様により強くつながることができます。

実際には往復で半日もかからないのですが若い方ばかりではないでしょうし、少し時間を多目に書いています。ただし、山に登る際に山にあるものは決して持ち帰らないことです。持ち帰ると神罰があります。逆にそのようなことが明快にあるのですから、御眷属のパワーが相当強い証でもあります。

また、拝殿の左側にご神水を飲めるようになっている場所があります。ここも非常に強い霊気がただよっています。こちらの水も時間があったら飲んでみると良いです。

さて、私が「赤い糸のことは知っていますか？」とあるセミナーで受講者の皆さんに質問したところ、なんと全員その言葉を知っていました。

日本では最古の歴史書である古事記の中の『三輪山伝説』に赤い糸について書いてあります。

紀元前九七年〜紀元前三十年頃の崇神天皇の時代に活玉依毘売という美しい女性がいました。その女性に会いに毎晩通ってくる男性がいたそうです。

その男性は体格がよくとても立派に見えたが、いつも夜になってから女性の所に行き、夜が明ける前に帰ってしまうので明るい所で男性の姿を見た事がありませんでした。

そんな男性と会っていた活玉依毘売が、間もなく妊娠しました。何も知らなかった両親は娘の妊娠に驚き相手が誰なのか問いつめました。

娘は正直に「名前も何も知らないけど、姿のたいへん立派な男の人が毎晩来て、夜明けになると、どこかに帰って行きます。」と説明しました。

話を聞いた両親が心配して

「その人が来たら、寝床の前に赤土をまきなさい。そして糸を通した針を服に刺しておきなさい。その糸を辿れば住んでいる場所がわかるでしょう。」と提案し、活玉依毘売がその通り実行しました。

男性が帰ったあとにその糸を辿ると三輪の神社に着いたので、男性が三輪の神様である大物主神であることを知ったのです。

昔、赤土には、邪を防ぎ相手を特定してくれる力があるとされていました。その赤土が付いた糸が『運命の赤い糸』を思わせ、大切な人を導いてくれると言われるようになったそうです。確かに三輪大社へ参拝するとそのような功徳を授かっています。

そして三輪山伝説によって赤い糸が広まり、結婚の際に契りを意味すると言われるお互いの小指に赤い糸を結ぶのが流行したことにより、現在でも運命の出会いを赤い糸と形容することが多いのです。

三輪大社のご祭神は多くのサイキックが大蛇であるとしていますが、そういう見え方もあるのでしょう。

三輪大社においてはどうしても正式参拝（昇殿参拝）をお勧めします。古き良き日本を感ずるまたとない機会になると思います。その意味が何を示しているかはここに書きませんが、是非、体感されると良いと思います。

なお、恋愛・結婚はもとより金運、事業運も授かりますので、お願いに漏れがないように一生懸命にお願いすると良いです。

人生を変える素晴らしい参拝になるはずです。

関東の恋の守護神は東京大神宮

私のお客様からも多数、東京大神宮に参拝して結婚したと報告がとても多い神社のひとつです。

東京大神宮は縁結びみくじというおみくじが秀逸です。その理由は具体的に「出会い」「交際」それから恋の歌（和歌）が記載されているので、神さまからのメッセージとして明日から婚活を頑張る元気が出てきます。

私がシンデレラ婚活塾を主宰していた時期に参拝していたのがこの東京大神宮です。

一緒に参拝した方は現在、結婚を前提にお付き合いをしているのでやはり効果あります。

九州の出会いのパワースポットは宮地嶽神社

こちらの神社は嵐のＪＡＬのＣＭに使われていた関係で嵐ファンの聖地のようにもなっているようで若い女性が多く参拝に来ていました。

現地で分かったことは恋愛に強い力を発揮するということ。下の写真を見ていただければ分かると思いますがとにかくしめ縄が巨大です。日本一の大きさとのことです。

すぐ近くに奥之宮八社があり、そちらも参拝することにより恋愛以外の功徳も頂けます。金運の三宝荒神や七福神社など地元の方々の評判も上々のお社があります。

美人オーラを身に着けたいなら富士浅間大社

私はよく鑑定の際に「美人になりたいときはどこの神社に行けばよいですか？」と真顔で質問を受けます。

その時に、このように答えています。富士浅間大社（静岡県）と各地の浅間大社に参拝すると美人オーラが授かります。ただし、一度の参拝で永遠のオーラを授かるのではなく早くて2週間から一ヶ月ほどで元に戻る方が多かったです。

ですので定期的に参拝されると効果が持続します。

全国の縁結びのすごい神社

誌面の都合で詳しい解説が出来なかった神社を掲載します。

西野神社（北海道）、函館八幡（北海道）、
唐松神社（秋田県）日光二荒山神社（栃木県）、
熊野神社（山形県）、塩竈神社（宮城県）、
卯子酉神社（岩手県）、玉前神社（千葉県）、
川越氷川神社（埼玉県）、大宮八幡（東京都）、

水天宮（東京都）、江ノ島弁天（神奈川県）、夫婦木神社（山梨県）、
二見置賜神社（三重県）、出雲大社（京都府）、多賀大社（滋賀県）、
神明神社、通称は石神さん（三重県）、白兎神社（鳥取県）、高千穂神社（宮崎県）

第3章
商売繁盛！お金持ちになれたすごい神社

長福寿寺は宝くじが的中するし、収入も増える功徳がすごい！

長福寿寺は今や知る人ぞ知る「宝くじが当たるお寺」として有名になっているお寺さんです。

なんと長者番付を長年日本一になってきた斎藤一人さんが紹介したことで大変有名になったお寺さんなのです。

大金運を授けるお寺と聞くと、神社じゃないんですか！という声が飛んできそうです。神社なくてもお寺さんでも良いんです。

実際に長福寿寺には宝くじ当選の喜びの声がたくさん集まっています。

例えば「ロト6のキャリーオーバーで、6億円当たりました！」

「ハロウィンジャンボ宝くじの1等、3億円当たりました！」

「サマージャンボで1億円当たりました！」という高額当選の声が「金運を爆上げする12の習慣」（今井長秀著・幻冬舎刊）に掲載されています。

日本には神仏混合の時代がありましたし、この本を読んでいるあなたが特別に金運が良くなるのであれば、神社だろうが寺院だろうがどちらでも行きたいですよね！

私の場合はこうでした。長福寿寺に参拝して、吉ゾウ君のお守りを大切に扱っていていました。長福寿寺の吉ゾウ君にお願いしてから、二週間も経たないある日のことでした。

たところ、夢に「既存のものでは新しき道は出来ず収入の軸は新しきものに挑戦すべし。」とかの吉ゾウ君が出現しました。

それで吉ゾウ君に「そんな難しいことを言わずにハッキリいいなはれ」となぜか関西弁で質問したところ「樹木にヒントがあるよ」と言ってくれて、目が覚めました。

樹木というからには盆栽でも始めようか、と全くもって冗談めいた言葉しか出なかった私でしたが、それからふとしたご縁で柘植を印材とした開運の印鑑製作の道に入ることになったのです。

開運効果のある印鑑の材質は樹木の中でも特に柘植が良いので確かに夢に出てきた樹木に相違なかったわけです。（象牙や水晶などの印材は凶なのです。）

その話を仲間内にお酒の場で話したところ、それは吉ゾウ君の功徳に間違いない、一刻も早く長福寿寺に馳せ参じなければいけない、というお話になったのでした。

その後、一緒に参拝ツアーに行ったわけですが、私だけでなく参詣したもの全てが手足がビリビリ電流が流れるような感覚に襲われ、皆で目をギョロリさせることがありました。

この電流が流れるような感覚はその磁場が非常に素晴らしい気で満ちているときに実感するものです。

全員がそれを感じたということについては、土地の磁場なのですが、長福寿寺の長い歴史がそうさせているのでしょう。

なにしろ、「西の比叡山。東の長福寿寺」と詠まれるほどの社格の立派さがあるわけです。高僧が千二百年以上、お経をあげ続けてきた寺院だからこそ、気の極まりがあるわけです。

通常、山岳系の神社には高次元の気を感じるものですが、ここは平地にも関わらず山岳系の神社と同じ気が充満しています。

長福寿寺は桓武天皇の勅願によって創建された由緒正しい寺院で長野の善光寺や京都の清水寺などわずかに50ほどしか選ばれていません。

また、現在の住職さんの今井長秀さんが書かれた「日本一宝くじが当たる寺　金運を爆上げする12の習慣」が大きな話題になっていることもあり、ますます参詣者が増えて、金運を上げて夢を叶えるには大変良い状態になっています。とても良い循環ですね。

そのようなこともあり、金運を上げたい方は是非とも参詣をお勧めします。

富貴に恵まれる風水の上で金運ザクザク三峯神社（埼玉県）

三峯神社は奥秩父と都内から距離があり、山深く神秘的な場所にあります。

箱根神社のように壮大な森がある場所にある神社は一般的に御眷属の数が圧倒的に多いのです。霊的に敏感な方であれば龍神や天狗など沢山見えるかもしれません。

御眷属の数が多いということは神社の神さまのパワーが強いことを示しています。（逆に緑が少ないお社の神社では御眷属は少ない可能性があります。）

この地を通りかかった日本武尊が素晴しい絶景にとても感動して、伊弉諾尊と伊弉冉尊を祀って国家の永遠の平和を祈願したのが三峯神社のルーツではないかと言われています。

三峰山の名の由来である雲取山・白岩山・妙法ヶ岳の三つの峰は非常にきれいに連なっており、秩序だった形の高い山を多数もつ山の形勢を「進龍」と言います。富貴に恵まれる風水の地域なのです。この三峯神社は霊験あらたかであらゆる分野に強い神社でもありますが、特に金運を強力に引き寄せる神社です。

三宝荒神が祭られているからです。この神さまは現実界に強い神さまで金運に強いのです。神社の入り口には狛犬ならぬ狼に似たものが二体あり、不思議さが倍増します。

三峯神社に参拝された直後に私のオフィスにいらっしゃった女性がなぜか犬を連れているように見えました。

それを伝えると「先生、分かりますか?それ本当は犬ではなくて狼なんです」とまた不思議なことを言うわけです。

（私も時々、不思議なことを言いますが・・・）

狼を霊的にもレンタルしてくるそうで狼が守護してくれるようです。これはご眷属拝借の証と思います。

こちらの神社には「ご眷属拝借之牘」というお札をお祀りする方法と、ご眷属様を木箱に入れてお借りする方法があります。木箱で借りる方法のほうがより強力ですが箱を下に置いてはいけない、一年以内に必ず返却するという厳格なルールがあります。

最近では深夜に都内を出発する観光ツアーが人気です。明け方に到着して早朝参拝が非常に好評だそうです。

また、宿泊施設の興雲閣にある三峯神の湯に入ってリラックスするのもお勧めです。

平家を絶大に守護した金運の神様　厳島神社（広島県）

日本三景のひとつで世界遺産にも選ばれている厳島神社のある宮島は太古から神聖視され、昔は人が住むことが禁じられていました。

人が住むようになったのは鎌倉時代末期からです。御祭神は、市杵島姫命（いちきしまひめのみこと）、田心姫命（たごりひめのみこと）、湍津姫命（たぎつひめのみこと）の三神です。

西日本の皆さんにとっては修学旅行で訪れたことがある方が多いかもしれません。

平清盛が厳島神社に奉納した平家納経の願文には次のような記述があります。

「一人の僧侶が厳島神社を信仰すれば効験があるとすすめてくれた。その言葉に従い厳島神社を信仰したら、自身も平家一門も繁栄した」。

平清盛は、十回ほど厳島神社に参詣していることからこの厳島神社には崇敬の想いがよほどあったと思われます。

この厳島神社は経済の神さまと覚えてください。

なお、弘法大師空海が将来、この厳島神社に何かあったら高野山の私財を投げうってでも再建するようにという言葉が残っています。空海がそれほど厳島神社を重要視していること自体が凄いと思うのです。

以前、厳島神社が水害に遭ったことがありました。その後、日本経済が困窮していきました。経済に連動してる証であると私は考えます。

それほどリンクしているのであれば、参拝を多く行えば金運が良くなるのではないかと学生時代に思いました。

そこで広島県出身の友人に、厳島神社に足しげく通っていたのでどうなるかを見ていました。彼は厳島神社に何度も参拝し、その後に卒業旅行の全額を親がプレゼントしてくれたり金運に関して良いことばかりが続きました。

また山陽・山陰の企業の経営者であれば事あることに参拝を繰り返すことで業績が上がっていかれると良いでしょう。(もちろん、他の地域の方も同様です)

なお、気を付けたいことは宮島自体がご神体ですのでゴミなどを捨てたりしないように、また石などを島から持ち帰らないようにすることです。

人・モノ・カネを揃えてくれるすごい神社は宗像大社（福岡県）

辺津宮の西南の宗像山に高宮祭場があり宗像神が降臨した場所とされるパワースポットです。

沖ノ島にある沖津宮への参拝は、5月27日の現地大祭の時に2百名が許可されるも全国から一万人を超える応募があるそうでかなりの難関です。

沖津宮のある沖ノ島は古代の祭祀遺跡がいくつもあり、古来より朝鮮半島との交易の要所でもあったため様々な遺物が出土しており「海の正倉院」とも呼ばれます。宗像大社は平成30年に世界遺産にも選ばれた素晴しい神社です。

こちらは宗像三神という人材、物資、お金を強力に引き寄せる神々をご祭神にしています。

福岡県の産土力はズバリ芸能人、音楽家、作曲家を輩出するというものです。つまり、宗像三神の特色である芸能・芸術のパワーを一身に受けているのがこの福岡の土地柄なのです。

そして、その芸を通じて大きな金運を獲得できるということなのです。
福岡出身の魅力的な芸能人は山ほどいます。橋本環奈、蒼井優、田中麗奈、牧瀬里穂、吉田羊、妻夫木聡、草刈正雄、陣内孝則、宅麻伸とそうそうたる名前が並びます。タレントでは博多華丸、博多大吉、原口あきまさと続きます。
本書をお読みの芸能人志望の方はこの本を読み終わり前に今すぐにでも身支度整えて、宗像大社に向かうべきです。また、芸能界に身を投じるも今一つブレイクしていない方もこぞって宗像大社で参拝を実行すべきです。夢やロマンを叶えるという波動があなたを大成功に導いていくはずです。

蕪島そのものが金運上昇の島（青森県）

小学生の時の学校の遠足で青森県の八戸を訪れた時にウミネコのフンがとても多かったことを覚えています。実はフンは金運を示すもので夢占いでもその夢は近々、金運が上がるという非常にありがたい意味の夢なんです。それでは夢ではなく実際にフンやうんちを見たらどうなるかというとこれは夢占いと一緒で実際に金運が上がります。こちらの蕪島神社も周囲にはウミネコが非常に多くそちらのほうも冗談ではなく真剣に期待できます。ご祭神は市杵嶋姫命で宗像三神の一柱です。

金山彦を祭る南宮大社（岐阜県）

南宮大社は古事記に出てくる金山彦を祭る神社です。私は以前、愛知県の北部に住んでいて比較的岐阜県に近い位置にあったこともあり岐阜の神社にはとても親近感があります。この南宮大社は同じ岐阜県でもどちらかというと関西に近い位置にあります。

私の鑑定のお客さんは岐阜の方も多いのでそれでよく参拝の証を聞きます。この神社に参拝してから会社員であっても副業の話が急に出てきてそれに取り組んだところ金運がアップした方など多数います。また、お金に関するトラブルの際にも三輪大社並みに凄い守護があると評判の神社です。

宝くじが当たる宝当神社（佐賀県）

佐賀県の唐津の沖合にある高島には年間20万人が参拝に訪れています。20年ほど前からこの神社にお参りすると不思議と高額の宝くじが当選する人が続出したことで大変有名になっています。宝くじを当てたい方は是非行ってみると良いのです。

全国の金運上昇のすごい神社

誌面の都合で詳しい解説が出来なかった神社を掲載します。とても霊験あらたかです。

上川神社（北海道）、月山神社（山形県）、神田神社（東京都）、三島大社（静岡県）、

出雲福徳神社（岐阜県）、清荒神（兵庫）、今宮戎神社（大阪府）、枚聞神社（鹿児島県）

第4章
ビジネスに効いた
すごい神社

人生の次元を上昇させる伊勢神宮

私は長年、愛知県に住んでいるので日本国の宝というべき伊勢神宮には参拝の機会を多く持ってきました。外宮の最寄り駅である伊勢市駅からは徒歩5分程度で外宮に辿り着きます。

伊勢の参拝は外宮から参拝するのか、内宮から参拝するのか、あるいは内宮のみ参拝する方法など様々な諸説があります。神社ファンの方はどこからその知識を仕入れたのか、現代のスタンダードは外宮から参拝する方が多いようです。そして、それは大正解です。

外宮で自分のお願い事をして、内宮では自分のお願いをせずに世界平和、日本の平和、皇室の発展を願うと良いのです。

伊勢神宮の功徳を本書で私が断言するのは多くのさまざまな読者がいらっしゃることを鑑みて恐縮な次第ですが、さまざまな功徳がある中でもこの功徳は特筆すべきものと確信しているものがあります。

それは「人生の次元を上昇させる」という功徳です。それは具体的には「転職」という形で顕現します。

私は長年、名古屋に事務所があるため多くの伊勢神宮ファンを知る環境にいます。そうすると時代の流れだからかあるいは伊勢神宮に熱心に通われていてその功徳からか、レベルアップ転職をしている方が多く存在しています。時々、私も自分の講演会を行うときにこの話をしますが、「先生も伊勢の功徳を頂いているのではないですか？」と言われることもあるのです。私自身、伊勢神宮の御稜威を頂いていると確信しているのです。

難しい言葉で語ることもないでしょう。つまり、伊勢に参拝を行うと良い環境に導かれて自分の才能を発揮できるようになっていくということなんです。

さて、伊勢には三百近い社があります。

その中でも特に人気がある天照大御神荒御魂を祭る荒祭宮は有名で、ここでは内宮では珍しく自分のことをお祈りしてもそのお願い事が見事に叶った方が続出しています。

また、伊勢神宮に行くと良い月があり、それを簡単に「正五九」と言います。お正月＝一月、五月、九月は伊勢神宮の神々が神徳を多くくださると言います。

さらにおススメなのは御垣内参拝です。

これは外宮、内宮の御垣内の中に入って参拝する方法です。

御垣内つまりは白い石の上を歩いていると神々しい気を吸収することができます。

この参拝の仕方を特にお勧めします。なお、この参拝方法は服装はキッチリと正装でなくては入ることさえできません。

男性でネクタイを忘れるとそれだけで入れませんのでそこは注意が必要です。女性も正装に準ずる服装ですので気を付けましょう。

この日本という国柄は伊勢神宮に窮まるというのが私の持論でまさに日本の魂のふるさとです。

遠方の方も一度は参拝すべきはまさにこの伊勢神宮と言えるでしょう。

関東での仕事運を絶大上昇させる箱根神社（神奈川県）

「関東で最も有名な神社はどこですか？」とよく質問を受けます。それには私は即答で「箱根神社が有名です」と答えています。

スケールの大きさ、目に見える風景の素晴らしさは絶景ですし別格です。何しろ富士山と芦ノ湖の織り成す美しさは湖面に輝きを増して私たちの普段持ち合わせている葛藤や暗い想念を洗い流してくれます。

三峯神社でも書きましたが大きな森を持つ神社は御眷属の数が多く現実化する速度が早いのです。

箱根は歴史的にも政治家、経営者の崇敬が厚く「箱根を背にするものは天下を制す」という言葉さえあるほどです。源頼朝や徳川家康、西武グループの創始者堤康次郎なども箱根神社を尊んだ方たちです。

関東で仕事を始める際にはこぞって参拝すべき神社です。また、大きなパワーが必要なものが生じたときに乗り越えるために箱根に馳せ参じるべきです。

またご祭神に木花咲耶姫命があり、富士浅間大社同様に女性が美人になれるという功徳があります。ただし、その場合は「美人になれますように」ときちんとお願いをされてください。

それから箱根には九頭龍神社という有名な神社があります。こちらは特に恋愛運に良いということで大挙として女性が訪れます。

実際に恋愛運や結婚運は良くなりますが、勝負運もかなり手ごたえがあります。以前、長嶋巨人がペナントレースで首位を奪還できたのは九頭龍神社に巨人の関係者が参拝したからということも有名なお話になっています。

会社でもここ一番の勝負所の前に九頭龍神社に参拝されて怒涛の勢いをもらわれると良いでしょう。

関西での仕事運を絶大上昇させる住吉大社（大阪府）

関西、西日本の中心地である大阪を神霊的に支えているのがこの住吉大社で源氏物語の舞台ともなった美しい神社です。

住吉大社の神さまは伊邪那岐命のみそぎ祓の際に海の中から現れたと言われ「祓え」を司る神と言われています。

また、和歌の神さまとしても有名で万葉集や古今和歌集等の歌集に多く歌が詠まれています。そこから和歌の神、言霊の神という認識が広がり、現実的には産土力としてお笑い芸人を生んだ神霊的な土壌と考えます。

関西の特徴としてお話好きな方が多いのは常識的に語られています。


仕事上でのやり取りは現代ではメールのやり取りのみで終結するものもありますが、商談などは今も変わらずに言葉でのやり取りです。

そのやり取りにも大いなる力を与えてくれるのが住吉の神さまです。

現在、今一つ気の利いた言葉を言えなくて、昇格できない方は遠方であってもこの大阪の地、住吉大社に参拝にいらっしゃると良いのです。

また、特に営業職の方は効果を実感しやすいと思います。

また辛いことがあっても笑い飛ばす神徳があり、また大いなる推進力を与える神さまでもあります。

なお、日本で最も古い住吉大社は福岡県は博多駅から徒歩で10分ほどの街中にあり、九州の中心地に強いエネルギーを与えています。

また、山口県の住吉大社もとてもお勧めです。

それと住吉大社は全国の高木姓と桜井姓つまり高木さんや桜井さんの氏神ですので、苗字が高木さん、桜井さんは特別な加護があります。

出世が叶う代表格の高麗神社

埼玉県にある高麗神社の最寄り駅はＪＲ川越線・八高線のＪＲ高麗川駅で、駅からは徒歩20分ほどの距離にあります。

高麗神社は日本の総理大臣を６人も生んだすごい神社として有名な神社です。というのは総理大臣になる前に参拝に来た６人が総理大臣になったということ。

またこの神社はご祭神は実在の人物を祭っています。高句麗からの渡来人の高麗王若光がこの土地で開拓し、その死後、近くの方が祭ったことが始まりということです。奈良時代の方です。現在は60代目の子孫の方が宮司を務められています。

このようなエピソードが生まれる高麗神社には、出世願望を持ったら是非、行きたい神社の代表格です。何せ王様が祭られているのですから。

私は大学時代に一度、そして30歳の時に何回か参拝しました。

30歳の頃は会社員で新卒採用をしていて参拝の後、当時の会社で最年少でマネージャー職に就くことが出来ました。おかげをいただいていたと思います。

末社に高麗水天宮があります。東京人形町の水天宮のご分霊を勧請したもので安産、子育てのご利益も期待できます。高麗水天宮の縁日は5日・15日・25日でこの5のつく日（毎年2月5日から12月15日の間）に特別祈願が可能です。

高麗神社はそのほかにも大きな特徴があってご祈祷する際の料金が決まっていないのです。いわば御随意なのです。

普通の神社ではご祈祷が五千円以上のところが多いので、昇殿参拝を多くしたい方にとっては高麗神社はお財布に優しい神様なのです。

自己実現で全国区になれる強力引き寄せ！真清田神社（愛知県）

真清田神社の大きな功徳は数年に一度、全国区へスターを輩出するというものです。特にその恩恵を受けているのは、やはり愛知県一宮市出身の方や在住の方です。例えば、芸能界ではお笑い芸人のスギちゃん。スギちゃんは一宮市出身です。また、将棋の名人になった史上初の平成生まれの豊島将之八段も一宮出身です。熱心に通えば他の地域の方も出世できますので安心ください。御祭神は尾張開拓の祖「天火明命」。尾張国一之宮として二千六百年の歴史を持ち由緒正しい神社です。

驚くほどの出世を導く桜木地蔵（三重県）

私は手相家になりたい方向けにプロ手相家養成講座を行っていて、そこに7年ほど前にいらっしゃった名古屋の主婦の方に桜木地蔵のすごい功徳を聞いて耳を疑いました。

「実は主人が異例の出世をしました！桜木地蔵さんのおかげです。」と言いました。

その桜木地蔵は、伊勢にあると言います。伊勢と言えば伊勢神宮しか思い浮かばなかったのですが、詳しく説明を受けて、私も異例の出世というものに非常に興味を持ったのです。

三重県は伊勢市駅よりバスで15分ほどのところに桜の木のすぐそばにあるお地蔵さんがあります。

ここは江戸奉行にまで上り詰めた大岡越前が何度も参拝した場所としても知られ、近年では武蔵川部屋の力士が毎年訪れることでも知られていています。大相撲の武蔵丸も幕下の時代から通いつめ、ついには横綱になったのでした。ここのお地蔵さんで霊験あらたかな場所です。私自身、何度も参拝してその都度、有難い利益がありました。

女性にとって、出世は素敵な異性との結婚でもあります。

地元でもこの桜木地蔵にお願いをして素敵な異性と結婚できたという声も多く、まだまだあまり知られていない場所ですが、お近くの方は是非とも訪れたい幸運を引き寄せる場所ということが言えるでしょう。

いつ参詣すれば良いかというとこれは決まっていて毎月24日です。

月に一度、24日は周囲に住んでいるご奉仕の皆さんが交代で桜木地蔵に来ています。逆にこの日以外に参詣しても誰もいないのでお守りなどを購入すること自体が出来ないのです。

私はご高齢の女性の方で聞くと六十年以上もこの地でご奉仕を続けられている方からここの功徳を沢山聞くことができました。また、石を持ち上げてお願いするというのが正式なお願いの仕方だそうです。その石のことを軽く思えれば、願いは叶うと言っていました。（ということは石が重く感じる場合もあるみたいです。）

地域のお地蔵さんですので、お近くの方は何でもここでお願いするそうです。その結果は・・・何でも叶ったそうです！

毎月24日には地域の皆さんも普通に参詣しに来ますので、仲良くなると過去に叶った事例を沢山教えてくれる方もいました。

お客様の感想で印象に残っているのは「絶対にうかりっこない子供の入学試験のこと」で受験当日、桜木地蔵が試験中にやってきたように感じて、その後、なぜかスラスラと試験用紙に記入することができて、まさかの合格を勝ち取ったそうです。

興奮してお話されるさまを見て、「本当に奇跡が起きている！」と私も感動した次第でした。

当時の私の願いの結果は「幸運を引き寄せたいならノートの神さまにお願いしなさい」のベストセラー祈願でした。

こちらはおかげさまで発売した翌月に何度も増刷が決まり、合計5回の増刷で現在6刷の3万部ベストセラーになったのでした。

その翌年に「引き寄せノートのつくり方」（宝島社）出版の際も桜木地蔵さんに足しげく通い、こちらも3万部になっています。

この結果は桜木地蔵さんの強力な後押しがあったからこその出来事であったと確信し

ています。

毎月24日を我が家では「桜木地蔵さん参詣の日」と決めて足しげく通いました。本当にありがたいすごい功徳を授かりました。

参詣の際の私のお勧めは、桜木地蔵さんののぼりを購入することです。

こののぼりには申し込んだ方の氏名を記入してもらうことができます。私の場合は半年ほど桜木地蔵を囲うのぼりとして掲げてもらえていたようです。

最近ではプロ野球のロッテの監督の井口さんの参詣が有名です。井口さんは選手を引退してまもなく監督へ就任したことを考えると異例の出世です。

なお、出世とは違いますが、転職に特に効果的な神社は気比神宮（福井県）、三島大社（静岡県）、高瀬神社（富山県）になります。

大出世の神霊域にある小國神社

静岡県の浜松は出世に関するパワースポットです。徳川家康は浜松で29歳から45歳までを過ごし歴代の浜松城主も江戸幕府内で出世を重ねていきました。

また大企業で浜松支店に赴任した社員が異例を出世を遂げるというのはよく耳にします。

この浜松は粘り強く過ごすことによりその後の出世を勝ち取る産土力があるのです。

遠江の国一之宮の小國神社は金銀石が有名でこの石や松の幹を撫でれば金運、良縁にも恵まれるということです。最寄駅の天竜浜名湖鉄道「遠江一宮駅」から送迎マイクロバスがありがたいです。

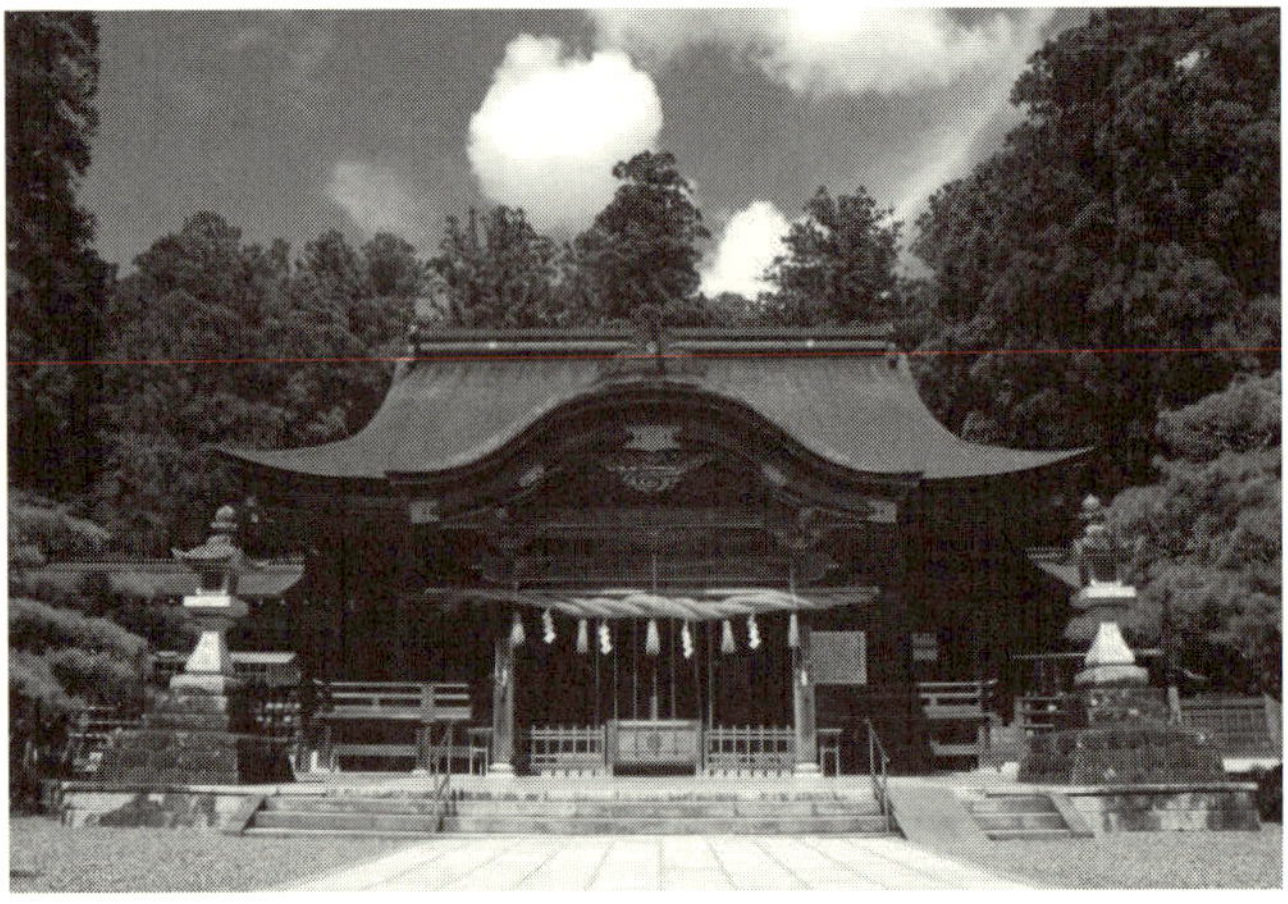

第5章
子宝・安産・子育ての
すごい神社

男子が授かりやすい高千穂の神秘！霧島神宮

霧島神宮は鹿児島県と宮崎県の県境に近い森の深いところに建てられています。

色彩豊かな赤色の社殿からは南方の文化の息吹を感じ入るものです。

高千穂峰は天照大神の孫・瓊瓊杵尊が三種の神器を持って降り立った場所と伝えられています。

もともと霧島東神社（宮崎）とは一つの存在で、高千穂峰の山上に社がありました。しかし、鎌倉時代の噴火で焼失してしまい、後に東の霧島東神社、西の霧島神宮に分割になったという歴史があります。現在の霧島神宮は、江戸中期に薩摩藩島津家により再建されたもので「西の日光」と称されるほどの立派な社殿となっています。

この霧島神宮は私の生涯の中でも印象度合いで言うと最も印象に残っている功徳を与えてもらった神社です。

霧島神宮は私ども夫婦が長年、子供が授からず、愛知県からはるばる飛行機で向かったところなのです。私は全国各地の神社の成り立ちや言い伝えや評判を確認しました。

そして「子供を授かる功徳」が全国広しと言えどもこの霧島神宮においてないと確信して夫婦で参拝したのです。

夏の暑い日に鹿児島空港で降り立った時の強い日差しを今でも覚えています。

霧島神宮は天孫降臨の地として有名な場所です。ということはそのような産土力があるということを示しています。

言い伝えによれば当時、九州に滞在していた天皇家の祖先が男子が長らく生まれずに跡継ぎが出来ないという危機があったようです。

その際に、この霧島神宮に参拝してその後、男子が授かり、天皇家が続いていったと言われています。

その史実を頼りに、はせ参じたのです。

結婚してしばらく、子供が授からなかった私たちですが、最後は神社の神さま頼りで参拝した結果、なんとその翌月に待望の子供の妊娠が分かったのです。

幸い、授かった子供は無事に生まれてきてくれました。

私ども夫婦は今でもこの霧島神宮のご神恩にとても感謝しています。


また、数多くあるご神徳は子宝以外にもあり、後継者に困っているときにも大いに発揮されています。

次の社長をどうしようか、あるいは跡継ぎ問題をどうしようかと悩んでいる経営者の方は是非、参拝してみてください。

特に11月10日に行われる天孫降臨記念祭は神々しい圧倒的なパワーを感じることができるでしょう。

また、神木の杉は樹齢が八百年を超えると推定されていて、南九州の杉の祖先と言われています。余談ですが、御神酒が非常に甘くやみつきになります。人生には時にはこのような濃厚な甘さが必要なようです。

美人の女の子が授かる大洞赤城神社（群馬県）

群馬県にある大洞赤城神社は三十九柱と多くのご祭神を祭られています。

この神社には赤城伝説があります。２人のお姫様が悲運の生涯を終えて、赤城山の神になったという赤城姫と淵名姫の伝説です。

このような不幸なことがあった場合は逆に神様に祭られることが古来から多いのです。

その後、女性の願い事は叶うという言い伝えがあります。

特筆すべきは女の子が授かるという功徳があると言われていることです。

実際、女の子が授かってのお礼参りの報告が非常に多くあります。ＳＮＳなど拝見すると多くの皆さんが女の子を授かっていて本当にすごいと思っています。

そのパワーは神社の功徳だけなのかあるいは近くの大沼の風水エネルギーも手伝ってのことなのか私はまだ解明は出来ていません。

しかし、解明できていなくてもすごい神社ということに変わりはありません。

なお、標高が高いので夏でも涼しく冬は相当寒いのでそこはご注意ください。

沖縄で有名な子どもが授かる泡瀬ビジュル（沖縄県）

沖縄在住のお客様から教えてもらったのが泡瀬ビジュルを知ったきっかけです。ビジュルというのは石の神様のことを意味しています。

十八世紀のある日、漁猟に出た高江洲義正氏は海面に浮かぶ霊石を見つけてもちかえり霊験あらたかなるビジュル神として、島の西側磯のほとりに石祠を建てて安置し、信心したのがビジュル神信仰の始まりと言い伝えられています。

こじんまりした小さな神社ですが凛とした雰囲気があります。特に神主の方はいらっしゃいません。あくまでもお祈りの場です。ですので、ここは正式参拝がないので、その代わりに一生懸命に自分の願いを伝えなければいけません。泡瀬復興期成会の有志の方が社務所のような建物の千秋堂でお守りの販売などをされています。

子宝祈願の絵馬や安産祈願の絵馬が多く飾ってあり人気のほどが分かります。幸い本島にありアクセスも悪くないので沖縄旅行の際にいかがでしょうか。

ちなみに他の沖縄県の神社の多くは熊野神社から勧請されていて叶いやすいです。

慈悲深く優しい親になれる和気神社（岡山県）

私は子供がいますが、本当に良い親なのか考え込んでしまう時も過去には何度もありました。多くの親は子供にとって良い親でいたい、子供に良い教育をさせてあげたいと思うのではないでしょうか。それで良い親になれる神社がこちらの神社です。

この和気神社のご祭神は鐸石別命で第11代垂仁天皇の皇子で和気氏の始祖にあたります。つまりは和気神社は和気一族のための神社として創建されています。その鐸石別命の十二代あとに生まれたのがかの有名な和気清麻呂公です。

和気清麻呂公は平安京に遷都を進言したことでも知られる歴史上の人物ですが、そのお姉さんの和気広虫姫がこの神社のご祭神の一柱に加えられています。

この方が日本で初めての孤児院を作った方です。７６４年の恵美押勝（藤原仲麻呂）の乱の逆徒が絶命となるところを助命を懇願して流刑に軽減させました。また乱後の孤児83名を養子として育てた史実があり、参拝すれば慈悲深い親になれる守護を頂くことが出来ます。なお、後に出てくる護王神社も和気広虫姫を祭られていています。

立派な子供を育てるパワーをもらえる御妣神社（大阪府）

私はいつも子育てには相当パワーが必要だと思っています。大阪府の四條畷神社の境内、本殿の西側に楠木正成公の夫人である南江久子さまを祭っているのが御妣神社（みおやじんじゃ）です。

特に関西に住まわれている方であれば、楠木正成公の誉はよく聞いて育ったのではないでしょうか。

「御妣神社案内板」に賢母の誉高く女性の鑑、子育ての大神として祀られることが表記されています。つまりは楠木正成公という素晴らしいご主人と子どもの正行を立派な武将に育て上げた徳に後世の方が神社に祭ったのです。

神社に行くとその後、意外と何もしなくても上手く行くことが多いのですが、それはその神社に行った際にその神社の集合意識体に足を踏み入れて、見えないその情報を共有できるのではないかと私は考えています。その論理で行くとこの御妣神社に参拝すれば立派な親業が自然とできるように変化してくるというものです。

第6章
受験・試験に効いたすごい神社

受験運・試験運を授ける太宰府天満宮

試験は一点差で合格、不合格が分かれるときがあると聞きます。

実際に私の知人で大学の学生部の方からその話を聞いて、やはり試験は過酷なんだと改めて考えた次第です。

受験や試験はなんとか通りたいものです。

全国に一万二千ある天満宮の総本山で御祭神は天神こと菅原道真さまです。

史実では道真公が亡くなった後に亡骸を牛に乗せ京都に運ぼうとしたら、牛が全く動かなくなり、道真公が当地に留まりたいのだと考えた人々が道

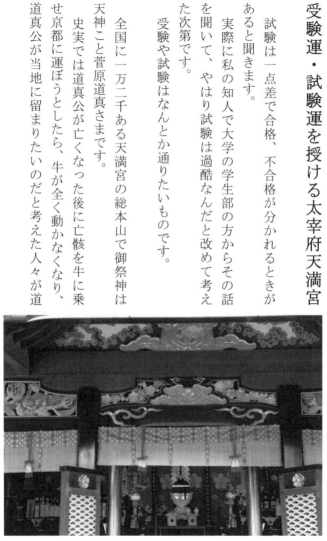

真を祀ったとの言い伝えがあります。

年間七百万人近くが訪れる非常に人気がある神社で初春には約六千本の梅の花が咲き春の風物詩になっています。

ご祭神の菅原道真公は多くのサイキックが見えている通りにこの太宰府天満宮にしっかり根を下ろして活動されています。

つまり、道真公は生まれ変わらずに太宰府天満宮でずっと人々の願いを聞き続けていらっしゃったのです。

ですので、この太宰府天満宮はこれから受験する方には絶大な加護があります。

太宰府近辺の学習塾にいたっては合格者続出のお礼に献梅をするほどです

さて、可能な限り、受験の半年前までには受験される本人は参拝するべきです。

というのは天神様が受験当日に会場に実際に行って応援してくれるからです。

さすがに明日、大学のセンター試験です！とお願いしても太宰府から派遣する神霊的な応援団の配置が整わないと思います。

受験当日にも応援がある―！これは各地の天神様または天満宮に参拝した受験生が不思議な感覚で実力よりも良い結果になったと言うお子さんがいらっしゃるから分かった

のです。

そのお子さんの父親、母親が私の鑑定の際にそのような感想をよく述べるから知ったのです。（可能であれば参拝の際は可能な限り、両親も一緒に参拝されると良いです。）

なお、太宰府天満宮は参拝する方にとってかゆいところに手が届くようなものが満載の神社でもあります。

まず遠方の方にとって特別にありがたいのが、合格祈願を代わりにやってくださることです。

その他、お守りなども遠方からの申し込みＯＫなのです。（意外とこれがＮＧな神社が多い中、これはとても助かります。）


社務所の方々も非常に熱心にご奉仕されていて、さすがは道真公の波動を受けて働いていらっしゃると、参拝のたびに心を熱くするのでした。

正式に太宰府天満宮か各地の天神社から勧請した由来のある神社には全国の天満宮、天神社には直接、道真公が分魂になって鎮まっているか、あるいは道真公から指名を受けた古代の頭脳明晰な方が鎮まっているケースが多いようです。

ですので勧請の記録があるかどうかはかなり重要ですので確認されると良いと思います。

勧請されていないと道真公ゆかりのご神霊かどうかは定かではないということです。

もちろん、正式に勧請されていなくても長年、祭られているうちに天神様レベルのご神徳を発揮しているケースもあるかとは思います。

そして、重要なのは実際に合格者が多く輩出しているかどうかはひとつの判断材料になります。

やはり合格率が良いほうが参拝者にはありがたいのです。

なお、全国の天満宮、天神社は菅原姓の氏神でもあります。

全国各地の天神様について

ａｕが数年前に全国３万人を対象に合格祈願に関するアンケートを実施してニュースになった時がありました。これは私のような天神好きの者にとっては非常に興味深い内容で意外な事実もあったのです。

調査の結果は全国で合格祈願神社として人気ナンバーワンは天神の本拠地の太宰府天満宮でした。実際に、見事合格を勝ち取った方が最も多い神社は、北野天満宮だったのです。

北野天満宮は参拝者数が年間50万人、太宰府天満宮は年間７百万人ということを考えますと、参拝者数は７％でありながら合格者数では北野天満宮が上回っているのですね。冷静に考えてみると太宰府天満宮は修学旅行生や観光旅行先に選ばれているので圧倒的に見た目の参拝者が多いのです。

しかし、ご利益という観点から見ると北野天満宮がかなり強力なものがあると言えます。（つまり、願いが叶ったすごい神社と言えるわけです）

【参考】全国 合格祈願神社者数　上位20社（ａｕ調べ）

1位　太宰府天満宮（福岡県）
2位　北野天満宮（京都府）
3位　湯島天神（東京都）
4位　防府天満宮（山口県）
5位　出雲大社（島根県）
6位　善光寺（長野県）
7位　明治神宮（東京都）
8位　伊勢神宮（内宮）（三重県）
9位　滝宮天満宮　（香川県）
10位　亀岡文殊堂（大聖寺）（山形県）
11位　大阪天満宮（大阪府）
12位　盛岡八幡宮（岩手県）
13位　春日大社（奈良県）
14位　安倍文殊院（奈良県）
15位　上知我麻神社（愛知県）
16位　菅原天満宮（島根県）
17位　榴岡天満宮（宮城県）
18位　鶴岡八幡宮（神奈川県）
19位　気多大社（石川県）
20位　白山神社（新潟県）

【参考】

人気大学合格者合格祈願神社ランキング（ａｕ調べ）

1位　北野天満宮（京都府）
2位　太宰府天満宮（福岡県）
3位　湯島天神（東京都）
4位　明治神宮（東京都）
5位　靖国神社（東京都）
6位　春日大社（京都府）
7位　滝宮天満宮（香川県）
8位　伊勢神宮（三重県）
9位　防府天満宮（山口県）
10位　大阪天満宮（大阪府）

（北野天満宮）

太宰府天満宮に行きたいけれど、遠過ぎて行けないという方は地元で天神さまや天満宮と称した神社を探してみることをお勧めします。

例えば福島県なら野口英世を輩出した小平潟天満宮。山形県なら元上智大学名誉教授の渡部昇一氏の幼少の頃の近くの天神様と言えば鶴岡天満宮が有名です。

滝宮天満宮（香川県）は道真公が42歳に讃岐の国司に任じられて阿野南条郡滝宮の官舎で日々を過ごされました。その跡地が滝宮天満宮になりました。

防府天満宮（山口県）は「此地未だ帝土を離れず願わくは居をこの所に占めむ」という道真公の想いを汲んで死後、日本で最初の天満宮として創建されました。

もちろん、全国には有名で沢山の受験生が訪れて毎年、沢山の合格者が出ている天満宮および天神社があります。

私が勧める参拝方法は、まず天神様の本拠地の太宰府天満宮へ参拝して、その次に住んでいるところの近くの天神さまに参拝するという方法です。

例えば東京に住んでいる受験生であれば、太宰府天満宮と湯島天神への参拝。京都であれば、太宰府天満宮と北野天満宮といった具合です。

全国の受験運・試験運を上げるすごい神社

北野天満宮（京都）、曽根田天満宮（福島県）、大生郷天満宮（茨城県）、

朝日森天神（栃木県）、湯島天神（東京都）、亀戸天神社（東京都）、

布田天神（東京都）、荏柄天神社（神奈川県）、山田天満宮（愛知県）、

上野天満宮（愛知県）、桜天神社（愛知県）、白幡天神社（千葉県）、

大阪天満宮（大阪府）、曽根天満宮（兵庫県）、潮江八幡宮（高知県）、

和歌浦天満宮（和歌山県）、防府天満宮（山口県）、福良天満宮（大分県）

武神ながら試験・受験に強い太平山三吉神社（秋田県）

全国各地及びブラジル　サンパウロの三吉神社そして太平山講の総本宮です。

東北で勝利の神として有名な太平山三吉神社は現代では受験に勝利するという評判がうなぎ上りの神社になっています。

三吉霊神は力の神、勝負の神、破邪顕正の神と言い伝えられています。私はなまはげがその神様のイメージだったのですが史実としては太平の城主藤原鶴寿丸三吉が由来でした。名君ながら他の豪族に嫉妬を受けて迫害の末追い出されたため、世捨人になり太平山に篭って、太平山の神様である大己貴大神、少彦名神様を深く信仰し、修行し力を身につけ後世で神様として祀られた神様だったのです。

秋田県は学力日本一と言われて久しい県です。また就職率百パーセントと驚異の公立大学の国際教養大学も秋田県にあります。

なぜ塾も少ないこの県が学力日本一になれるのか様々な説がありますが、ひとえに秋田県の産土力が学力日本一に導いていると私は考えています。

この大平山三吉神社しかりお隣の岩手県の駒形神社しかり学力、試験運だけでなく健康運や勝負運を授けているのは、東北の産土力が大いに関係していると私は考えています。近年まで、青森県は大相撲で横綱を何人も生みました。東北の諦めない風土が各界の頂点を輩出しているパワーなのでしょう。

決して落ちないパワーの釣石神社（宮城県）

釣石の名前の由来の巨石は、太古から何度もの東北の大地震にも耐えて、決して落ちない石として有名です。そのようなエピソードから「落ちそうで落ちない巨石・受験の神様」として全国から受験生の参拝が非常に増えています。先の東日本大震災でも影響がなくますます有名になっています。

釣石神社の祭神は天児屋根命で知恵の神様であり学業の神様です。決して落ちないパワーを授かる神社ですのでお近くの方は是非、参拝されると良いでしょう。

第7章
健康運が上昇した
すごい神社

足腰を良くしたいなら護王神社（京都府）

「足腰を丈夫でいたい」「足腰を良い状態で維持したい」とある一定の年齢層の方なら思うのではないでしょうか。特に時代を遡れば現代のように整体やマッサージのない時代にその時代の方たちは効力のある神社を探して、該当するならば熱心にその神社に通い詰めました。

祭られている神様もそれだけ熱心に参拝するならばとご加護を篤くしているという構図です。この護王神社のご祭神は和歌の神様の和気清麻呂です。なぜ足腰の神様になったのかといえば並々ならぬ因縁があります。ある理由から京都から流刑の罪をかぶせられた和気清麻呂はその流刑の土地を目指している最中に宿

敵から何度も暗殺されそうになります。その度に和気清麻呂の前に現れて助けてくれたのが三百以上ものイノシシです。特に足を負傷したときにイノシシが守ってくれてその後、強靭な回復をした和気清麻呂を祭った後の時代の方が足腰守護の神様としたのです。

実際に護王神社に行くと足腰が良くなります。これは本当に不思議なのですが、長年崇敬された神社のいわゆる霊界が「足腰を良くする霊界」になっていったということです。

私が護王神社を知ったきっかけは中学一年生の時で学校の春の運動会の際に走っている最中に肉離れをして、なんとか早く治す方法はないのかということで探した時です。部活動で陸上部で短距離の選手だったので、肉離れは選手として致命的なもの。一生懸命に効果のある神社を探したものです。確かに驚異的に早い回復を見せてくれました。

現在も参拝客は多く、足腰だけでなく健康全般に良いとスポーツ選手も多数訪れます。もちろん、年齢を問わずスポーツ選手でなくとも大いなる加護があるので特にお近くの方は一度は訪れたい神社です。

目を良くする霊験あらたかな生目神社（宮崎県）

生目神社を知ったのは父方の祖母が視力があまり良くなく、なんとか目が良くならないものかと考えた時期です。

幼少の頃から神社に行く機会が多かったので自然と「神様に助けてもらえる」という確信が普通にあったのですね。

しかし、この生目神社は私の出身地の秋田からはかなり遠方の宮崎県で実際に参拝するまでには大学時代になるまで叶いませんでした。祖母は私が大学一年の時に亡くなってしまい視力回復の功徳を確認できなくそれはそれは残念に思った記憶があります。

私自身も極度の近視で眼鏡をかけていましたが、生目神社に参拝して相当自分経ったあとにふとしたことからレーシック手術を受けることになりました。結果、現在でも視力が2．0を維持しているのは相当以前に参拝した生目神社の神様のパワーと確信しています。生目神社は日向の生目様と呼ばれています。神社のある亀井山から湧く水を「ご神水」と呼び目を洗って眼病が良くなる人たちが続出しています。

この水にはホウ酸が含まれていて目薬の原料が偶然にも入っていることがとてもすごいことだと私は思うのです。

ご祭神は応神天皇と藤原景清さん。景清さんは若いころは平家に仕えていた優秀な方でしたが、時代の流れの中で源氏の勢いが大きくなりそんな世を見たくないという心から、なんと自分で両目を潰してしまったのです。

その話が源氏の当時の将軍の耳に入り、逆に禄を与えられてその後も活躍することになったという不思議な逸話が残っています。長年、目の神様として全国的に有名で毎年2月の例大祭が格別にご加護があると言われています。

なお、その他に目が良くなると有名なのは島根県の一畑薬師寺などがあります。こちらもとても霊験あらたかです。

ぜんそくを回復させる赤山禅院の功徳

京都は比叡山の麓、天台宗の赤山禅院は「ぜんそく封じ」で有名な寺院です。

こちらも私が小学生の時にぜんそく持ちで急性肺炎に何度もなり、なんとか神様にすがりたい、頼りたいと小学校の図書館で調べたところから知りました。

もちろん、家のすぐ近くに手っ取り早くぜんそくを治してくれる神様がいる神社があれば一番助かるのですが、まずはそのような神社を見つけるだけでも当時の私の心の支えになったのです。

要するにぜんそく封じの神様に頼って実際に治った人が沢山いるということを知ることが当時の私にとっての救いでもあったのです。

幼少時、なぜ私がぜんそくになったのかよく分からなかったのですが、二度目の赤山禅院への参拝の後、あるお医者さんからのアドバイスでアレルギー検査を受けたのでした。その結果が私にとっては衝撃的で重度のイネ科の植物アレルギーがあったのです。

秋田はお米作りが盛んで例にもれず私の実家も稲作をやっていました。当然、周りも田んぼが多かったのでそうなってしまったということが分かったのですが、なかなか、皮肉めいたものですね。

お米作りの家の子供が稲アレルギーということですから何だかシャレにならないように感じるのです。

さて、赤山禅院のお話ですが、平安時代の八八八年に円仁の命によって創建の非常に古いお寺さんです。

千日回峰行を行った大阿闍梨が加持祈祷されるので特に霊力が強いです。医療の発達した現代ですので、病院に行くことは当然ですが、それでもあまり良くならない方はぜんそく封じのへちま加持を受けられてみることをお勧めします。

スポーツだけでなく勝ちたい人を強力加護　筥崎宮（福岡県）

ひときわ目立つのが筥崎宮の楼門に掲げられている扁額にあるのは「敵国降伏」の文字。蒙古襲来の時に神風を吹かせた神として大変有名な神社です。

宇佐八幡宮（大分県）、石清水八幡宮（京都府）と並ぶ日本三大八幡宮のひとつ。御祭神は筑紫国蚊田の里、現在の福岡県宇美町にお生まれになられた応神天皇（第十五代天皇）を主祭神として、神功皇后、玉依姫命が祀られています。9間社流造りの本殿をはじめ拝殿、楼門の石造鳥居は重要文化財で厳かな雰囲気のある神社です。スポーツ選手がこぞって訪れている神社でご祈祷の控室には参拝した選手たちの多くの奉納物を実際に目にすることが出来ます。

サッカー選手やソフトバンクホークスの選手も個人参拝ではなく団体として訪れている様子も確認できます。これだけ多くのスポーツ選手が参拝していることから、芋ずる式にスポーツ選手の参拝が増えていると耳にします。

ソフトバンクホークスとアビスパ福岡が毎年、参拝していることは有名です。ご祈祷をお願いするとそれまで待つ控室があります。そこにホークスの参拝の様子の写真や選手の皆さんのサインがあります。ホークスの強さの秘密はこの神社での参拝にあったのです。

今年のプロ野球の日本シリーズは巨人に４連勝という結果。すごいことです。仮に今後、読売巨人の監督や選手が団体参拝をこの神社で行ったら・・・と思いをはせるのは楽しいものです。筥崎の地名は、新羅遠征後、この地で応神天皇を出産した神功皇后はその胞衣（胎盤）を箱に入れてこの地に埋めて目印に松を植えて目印にしたという逸話があります。神社に向かって右側の松に囲いがありますが、まさにそれです。

抜群のスポーツ運は鹿島神宮

鹿島神宮は茨城県鹿島市にある日本建国・武道の神様である武甕槌大神を御祭神とする神武天皇元年創建のとても由緒ある神社です。

とても神力の強い神社でオールマイティな功徳がありますが、スポーツ運だけで鹿島神宮を紹介するのは恐縮でもあります。

また、リーダーの資質を高める功徳もあって、最近では政治家の参拝も多いと聞きます。

スポーツの試合はもちろん、何か自分や組織の一大事の時に参れば、気力も精神力も一気に高まる功徳を頂けます。また抜群の成就力があり。勝負事で本当に負けなくなりますのでお勧めします。

スポーツ選手、政治家を多く輩出した駒形神社（岩手県）

近年、岩手県出身のプロ野球選手が増えています。

令和元年現在、大リーグで活躍する大谷翔平選手、菊池雄星選手と言えば、誰もがその活躍を知っていることでしょう。大船渡高校の投手高校生ながら球速百六十キロを超える佐々木朗希投手も岩手県出身です。（来春から千葉ロッテ）

また、銀次（楽天）、阿部寿樹（ドラゴンズ）、風張蓮（ヤクルト）、岸里亮佑（ファイターズ）、高橋樹也（広島）、千葉耕太（楽天）と続きます。

スポーツ選手で活躍したい人、部活動で良い成績を収めたい方は是非とも参拝してみてください。

坂上田村麻呂や源頼義・義家父子も駒形大神を篤く崇敬し、武運祈願成就した神社です。その昔、奥州に栄華を築いた藤原四代の崇敬も篤かったようです。

よく戦国武将が神社の神様を崇敬したという史実があります。当時は現代のようにカーナビもなければ通信網もなく、まさに神様に頼らないと日々を過ごせないという状況だったのでしょう。

さらに岩手県の産土力は実はスポーツ界のみならず政治の世界に発揮されてきました。

岩手県からは総理大臣が五人輩出されていています。第十九代内閣総理大臣の原敬、第三十代の斎藤実、第三十七代の米内光政、第四十代の東條英機、第七十代の鈴木善幸と続きます。

政治の世界に入り世の中を良くしたいという方は是非、駒形神社を参拝されると良いでしょう。

なお、駒形神社は子育てにも大変良い神社です。徳育に興味がある方は是非、駒形神社にご子息と一緒に参拝されることをお勧めします。少し荒っぽい性格のお子さんでも駒形神社に行けばそれから落ち着いた良いお子さんに変わっていきます。とても徳の高い神社なのです。

ダイエットに効果的なすごい神社

日本一の交通安全の功徳で知られる金刀比羅宮はその言霊通りに「事開け行く」神徳をお持ちです。

しかし拝殿までの坂道や階段の数に心が折れる参拝客が多いかもしれません。

特に山頂近くに建立された奥社・厳魂神社は厳粛な感じがします。

奥社までは千三百段以上の階段がありますが、なるべく奥社までのぼることをお勧めします。

しかし、そのことこそが「事を成すためには難儀なことが山ほどあるがそれを乗り越えれば明るい未来が待っている」ことの暗示であり、ダイエ

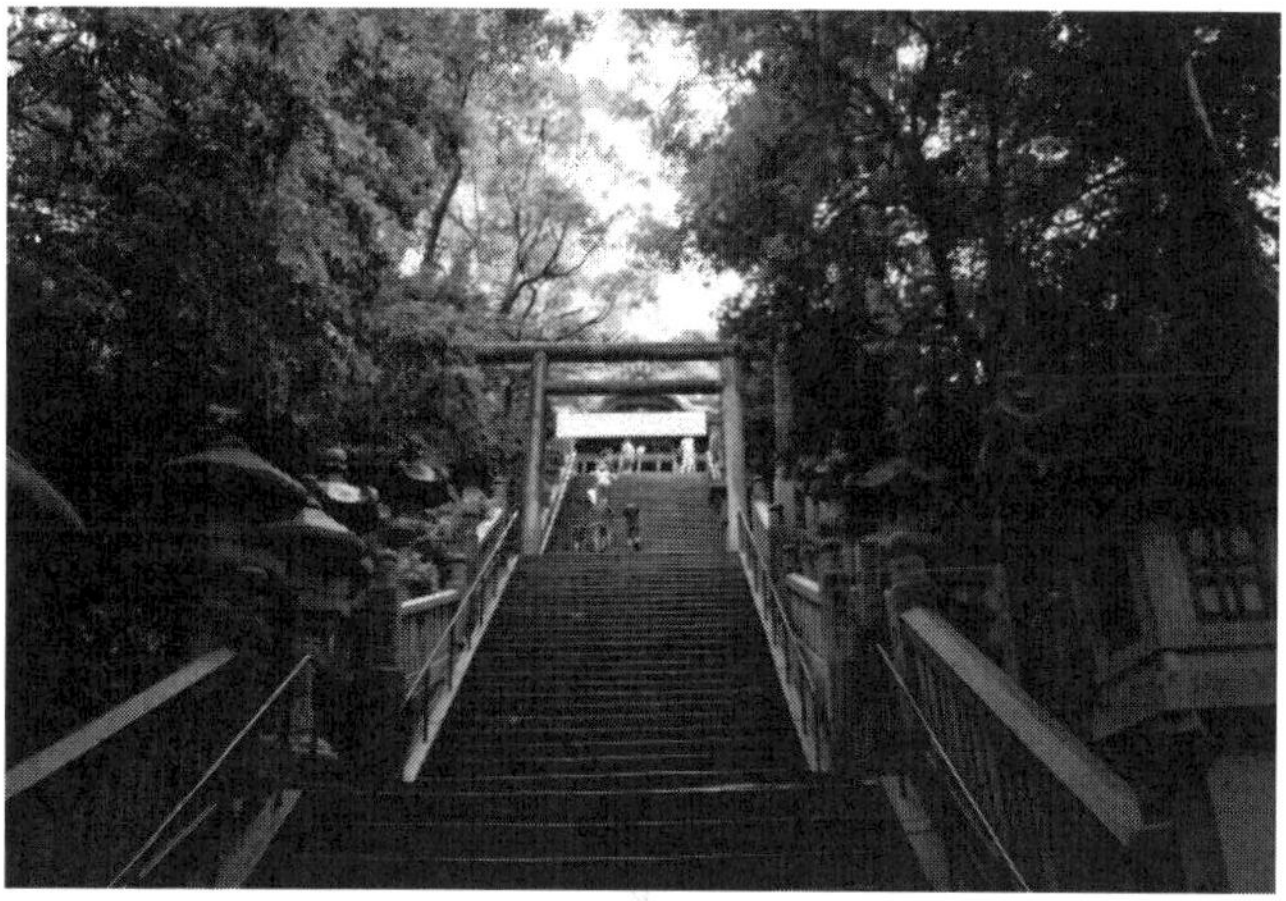

ットにもふさわしい神社です。
特に四国在住の方は足しげく通うとダイエットに良いでしょう。
また、日常生活では車に乗っていて渋滞で困っているときにお願いすると良いです。
お願いした後はスイスイ通れるようになった方が多いのです。

また、美人証明お守りがある群馬県の厳島神社もお勧めです。
三重県の保曽井神社もその言葉通りに細くなれて魅力的になれると評判です。
九州の方は熊本県の釈迦院金海山大恩教寺をお勧めします。

第8章
人間関係を改善した
すごい神社

人間関係を改善したいときはこの神社の神様にお願いしよう

人間関係と言っても一言で説明が難しいのですが、人間関係で悩んでいる方は私の鑑定にもかなりの割合でいらっしゃいます。

これは人間関係を今後、どうしていきたいかによって参拝すべき神社の神様が変わってきます。

とにかく人脈を増やしたい場合は、出雲大社

出雲大社は本家本元は島根県の出雲大社が有名ですが、以下の出雲大社は規模に関わらず素晴しい神社です。（教会等の表記がありますがキリスト教ではありません）

出雲大社　網走教会（北海道網走市）、出雲大社　函館教会（北海道函館市）、

出雲大社　新十津川分院（北海道樺戸郡）、出雲大社　弘前分院（青森県弘前市）、

出雲大社信達講社（福島県伊達市）、出雲大社　東京分祠（東京都港区）、
出雲大社　朝霞教会（埼玉県朝霞市）、出雲大社　相模分祠（神奈川県秦野市）、
出雲大社　上総分院（千葉県いすみ市）、出雲大社　富士教会（山梨県甲府市）、
出雲大社　佐久之宮講社（長野県佐久市）、出雲大社　飛騨教会（岐阜県下呂市）、
出雲大社　浜松分院（静岡県浜松市）、出雲大社　愛知日の出教会（愛知県名古屋市）、
出雲大社　福井分院（福井県福井市）、出雲大社　京都分院（京都府亀岡市）、
出雲大社　近江分祠（滋賀県大津市）、出雲大社　紫野教会（京都市北区）、
出雲大社　巌分祠（京都府与謝郡）、出雲大社　大阪分祠（大阪府堺市）、

出雲大社　石見分祠（島根県浜田市）、出雲大社　岡山分院（岡山県岡山市）、
出雲大社　広島分祠（広島県安芸郡）、出雲大社　福山分祠（広島県福山市）、
出雲大社　周防分院（山口県山口市）、出雲大社　讃岐分院（香川県三豊市）、
出雲大社　土佐分祠（高知県高知市）、出雲大社　松山分祠（愛媛県松山市）、
出雲大社　今治分院（愛媛県今治市）、出雲大社土居教会（愛媛県四国中央市）、
出雲大社　唐津教会（佐賀県唐津市）、出雲大社　熊本教会（熊本県熊本市）、
出雲大社　庄内教会（大分県由布市）、出雲大社　高千穂教会（宮崎県西臼杵郡）、
出雲大社　沖縄分社（沖縄県那覇市）、出雲大社ハワイ分院（ハワイ州）、

出雲大社マレーシア講社（マレーシア）ほか。

特に京都府亀岡市の出雲大社は徒然草の兼好法師も参拝した歴史ある神社で神気も最高に素晴らしいです。

神奈川県秦野市に鎮座する出雲大社相模分詞では毎年正月の３日には多くの伊勢ケ濱部屋の力士が餅つきをしてくれます。微笑ましいですね。

また、岐阜県中津川の出雲福徳神社もお勧めです。

その人を信じてよいのか判断不明の場合は、三輪大社

人間関係で関係を明快にしたい時はあるものです。恋愛でも仮に二人気になる人が出現してどちらを本命にしたら良いかというある意味、ぜいたくな悩みを抱える方もいらっしゃいます。そんな時には三輪大社の神様が一刀両断、ハッキリさせてくれます。三輪大社に参拝した後にそれが分かるようになりますので、迷ったら三輪大社へ馳せ参じるべきです。

本家本元は奈良県桜井市にある三輪大社（正式名称は大神大社）ですが、全国に三輪大社は勧請されて広がっています。

三輪神社（埼玉県入間市）、三輪神社（埼玉県三郷市）、三輪神社（埼玉県飯能市）、三輪神社（名古屋市）、三輪神社（石川県河北郡）、三輪神社（岐阜市）、三輪神社（岐阜県揖斐郡）、三輪神社（大阪府高槻市）、三輪神社（兵庫県三田市）、三輪神社（岡山県総社市）ほか。

特定の人と縁切りしたい場合は、寒川神社

特定の人や組織と縁切りしたい場合は次の章で登場する寒川神社です。他の神社に勧請していないようですので寒川町まで参拝に行くしかないのです。急ぎの場合はまずはお札を神社に電話して入手して家にお札を飾ってご自宅を神霊的に特定の方からの念を防ぎ、参拝に行きましょう。寒川神社は実に霊験あらたかです。

第9章
嫌なことを断ち切った
すごい神社

魔を払う神！方位除けも超絶効果　寒川神社（神奈川県）

寒川神社は神奈川県高座郡寒川町にある神社です。茅ケ崎から北にあり、茅ヶ崎駅からはＪＲ相模線で９分ほどで駅から徒歩５分ほどで到着します。この神社は私のクライアントやお弟子さんから「魔除けが凄いです！もうこれ以上の神社はないです！ピタリと悪いことが収まりました！」などと言われ続けて早数年が経過していました。

ある方からは「家内が職場で人間関係で嫌なことがあり、それを終わらせるために寒川に参拝したら翌日からピタリ収まりました！」とも聞いていました。

私もその寒川神社には幾度も参拝していますが、本気の本気の参拝は、新車で走り始めてすぐに何度も名古屋市内であおり運転を受けたのです。それまでになかったことでしたので、この状況を終わらせるために寒川神社に熱誠祈願を行いにはせ参じたのでした。そうしたところ、驚くなかれ、翌日からあおり運転に遭遇することが一度もなくなったのです！私のところもピタリ収まったのです。さすがは寒川大神です。

私の手相のお客様も寒川神社の神様に助けられています。このようなお便りがあります。

「先生、お世話になっております。

今年は、主人の留学先の件で2回相談させていただき、大変お世話になりました。

今、オーストラリアにいます。

一白の主人と九紫の私、今年留学が決まった時の合格先はイギリスしかなく、どうしようかと迷い、相談させていただき、主人にも今年は見合す案も提示していました。

教えていただいた寒川さんにすぐにお参りしたところ、まさかの夫婦ともに行きも帰りも吉方位となるオーストラリア案が急に浮上しました。しかし、点数がギリギリで先方が

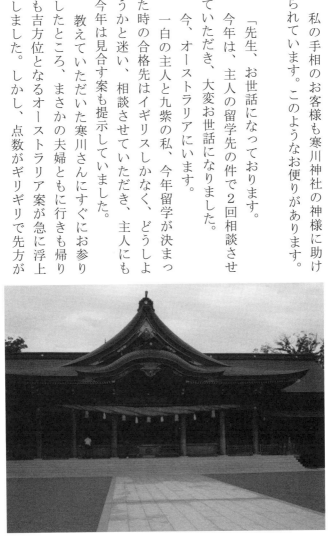

検討している状況となり、心配するよりももう一度参拝させていただいたところ、その晩チャンスが来て、すぐに行けることになりました。

本当に、先生と寒川さんに感謝しております。」（オーストラリア在住Yさん）

「8月1日から2泊3日で東へ吉方位をとり寒川神社へ行きました。それからしばらくすると悪方位（五黄殺や暗剣殺）へ行く機会が減りました。というか出かける先が吉方位であることが増えました！

今まで単独行動が多かったのですが、友人や仲間と一緒に過ごす機会が増えて、人間関係がとても円滑になりました。

仕事も進めやすいです。」（愛知県在住Uさん）

元々、寒川神社は八方除けで有名で私の学生時代の頃からその分野で大変有名でした。八方除けは方位の災いを取り除くというものでこれは日本広しと言えどもこの寒川神社をおいてはない功徳があります。方位の悪気を取り除くということで全国的に有名な神社です。

引っ越しの方位が悪い場合や長期間の旅行の方位が悪かった場合は是非、この寒川神社で八方除けを受けられると良いです。

その際に頂くお札が八枚あり、それぞれの方位を示しています。非常に霊験あらたかなお札ですので大事に扱ってください。

また、この神社ほど昇殿参拝の光景が圧倒的な神社は珍しいです。あまりにも多くの参拝客の祈祷をするのでここで詳細は割愛しますが、意外な祝詞を聞くことができます。待合室も三ヶ所に分かれていて大人数を収容できる作りになっています。

また、この神社の産土力を考えますと関東屈指の大金運ということが言えます。なぜなら茅ケ崎の神霊的な磁場をつくっているのがこの寒川神社と江ノ島弁天だからです。神奈川県を代表する寒川神社は太古より地域の崇敬を一身に受けて非常に素晴しい磁場になっていて今後も魔を払うパワーを遺憾なく発揮していくはずです。

また、方位除けについてはこの寒川神社のほか、超絶すごい神社は大阪の方違神社、埼玉県越谷市の久伊豆神社があり、私のお客様が悪方位に行く前、行った後にこの神社に行って方位の災いを最小限にしてもらっています。

尾張の最強神が悪いことを終わらせる熱田神宮（愛知県）

敏感な方は熱田の森の上に大きな古い剣が見えると思います。剣で悪いものを切ることを得意とされるとのことなので魔を払う、縁起りにも強い神社です。その草薙剣（天叢雲剣）で悪いものを切ってくれる非常にありがたい神さまが熱田神宮です。

神霊的にも尾張の国の言霊通りに「終わり」にさせるパワーがあります。

熱田神宮は東海地区、愛知県近郊を代表する神社で地元では「熱田さん」と親しみを込めて言われることも多いですし、特に名古屋市民はそう言います。日本武尊の死後、妻の宮簀媛が天叢雲剣を祀るために当地に社を建てたという歴史があります。

熱田神宮は三種の神器の一つの天叢雲剣がご神体です。

歴史を紐解くと天智七年に道行という僧が天叢雲剣を盗んだけれども、捕らえられた後に剣は戻ってきました。その盗難事件の後で天叢雲剣を朝廷で保管することになりました。しかし実に不思議なことに天武天皇が病に伏したため、熱田神宮へ戻したほうが良いとなって戻ってきた経緯があります。

この熱田の土地つまり尾張は天下分け目の戦が11回も行われた場所です。これは日本を東西でバランス的に見れば、まさに衝突しやすい場所だったことが分かります。織田信長は桶狭間合戦の際、熱田神宮に立ちより戦勝祈願をしたことでも有名です。また信長が寄進した信長塀はその勝利のお礼に奉納しました。

現代は国内で戦があるわけではありませんが、経済戦争や上司・同僚からのパワーハラスメント、家族や身内からのモラスハラスメントなど形を変えて戦は起きているのです。

その戦いは負ければ自分自身の立場を失うほどのダメージになることでしょう。私たちは日常の戦いに勝利していかなくてはいけないのです。

また、勝つということは相手を打ち負かすと同義。その時に勝ち過ぎてしまえば、その後の両者の関係のバランスが大きく崩れることにもなりかねません。

ですので、現在の様々な戦いは相手にメンツを保ちつつも勝敗を明確にしないやり方もあったりするのです。

勝負に負けた場合やしんがりをつとめることは非常に難しいのですが、この熱田の神さまの応援を受けると、そのしんがりが無事につとめることができるはずです。

また、面倒なこと一切を終わらせる功徳が凄いので、困ったら熱田神宮で正式参拝をされると良いです。

また、この熱田を中心とする特に愛知県は超一流を生むという産土力があります。織田信長、豊臣秀吉、徳川家康と三英傑はこの愛知県で生まれ育ち武将として超一流の道を歩みました。現代ではトヨタ自動車、アイシン精機、デンソーなど超一流企業が躍進する土地になっています。スポーツ界でも野球のイチロー（愛知県豊山町出身）の活躍は日本人の誇りです。

経営者の場合は難しい問題を抱えたときの決断力を授かるために参拝されるのも非常にマッチしています。

剣は振り下ろすと切られたものが分裂し、最低でも二つになります。

その二つというのが九紫火星の働きでハッキリするという意味です。経営で迷いが出たときに、判断しがたい事象が起きてしまい困ったら熱田神宮に一早く足を運ぶことをお勧めします。

さて、参拝客の多さで知られる熱田神宮では意外と知られていない場所があります。こころの小径という場所です。小径という通りに非常に短い距離ではありますが、全く異なる情景が広がり参拝客をリラックスさせてくれます。

また、清水社の横に清水の湧出口があり、その真ん中に石があります。この石は楊貴妃の墓の一部だといわれています。三回、その水をかけて祈念すると願い事が叶うという言い伝えがあります。

松岡姓の氏神としても有名で全国の松岡さんは是非、熱田神宮に参拝されると良いでしょう。

全国の厄除けのすごい神社

誌面の都合で詳細を紹介できなかった神社を掲載します。
いずれの神社も厄除けに素晴らしい功徳があります。

廣田神社（青森県）、開成山大神宮（福島県）、安達国造神社（福島県）、

一之宮貫前神社（群馬県）、彌彦神社（新潟県）、千葉神社（千葉県）、

井草八幡宮（東京都）、毛谷黒龍神社（福井県）、安井金刀比羅宮（京都府）、

大山神社（愛媛県）、土佐神社（高知県）、忌部神社（徳島県）、赤間神社（山口県）

幣立神社（熊本県）、鹿児島神宮（鹿児島県）

第10章

何でも叶った！
万能のすごい神社

北海道を代表する北海道神宮

北海道神宮は北海道を代表する神社です。北海道の神社はその歴史が古くない関係で神気の凝結度合いがそこまでない神社が多いのですが、北海道神宮は別格で素晴らしい神社です。

これは札幌という気の良い場所に創建されて、多くの道民が訪れて神気が発動しているからです。

「神は人の敬によりて威を増し　人は神の徳によりて運を添ふ」という御成敗式目にある言葉があります。簡単に言いますと、神は人から敬われることによって霊験があらたか

になって益々その威力を発揮するようになり、また人は、神を敬うことによって、より良い運を与えられるということです。

神様というのは人の感謝で成り立っている存在です。

その証拠に人が全く参拝しなくなった神社は残念ながら荒廃していきます。その神様からどれだけ強い運を授かるかは、人の敬の力によるのです。

その敬の力によって、神様がどれほど神気を発動させるか、どれだけ強い運を人に与えることができるかが決まるからです。

神様と人間との持ちつ持たれつの関係を的確に述べた素晴しい言葉です。

その良い例が北海道神宮です。

私は家族旅行で北海道を訪れた際にせっかく北海道に来たのだからと挨拶で参拝をしました。その後、会社で新しい部署に配置転換になって新しい仕事に励むようになりました。

基本的にはオールマイティなご神徳が期待できますが、新しい環境で実力を発揮するという功徳もあると確信しています。

一願成就の熊野本宮大社

熊野本宮大社は和歌山にある全国に三千社ある熊野神社の総本山です。

熊野は記紀に記載のある地名では最初に登場する古来からの日本の聖地です。伊邪那美命が亡くなられて熊野の有馬村に葬られたと伝えられています。日本創世の時代から既に代々伝えられる聖地であったことが分かります。平家の繁栄も熊野の大神のおかげだという記述もあります。個人的に推測すると生前から奇跡を起こした神霊能力も高い古代の王レベルの方がこの聖地に祭られて、二千年もの年月の中でますます神力が高揚しているの

ではないかと考えています。そうでないとこれほどの神力があって奇跡が立て続けに起こることはありえないとずっと思ってきました。白河法皇、熊野に9回も詣で鳥羽天皇は21回。後白河天皇は34回と古来から皇室からも非常に人気がある神社です。蟻の熊野詣でという言葉も残っています。日本人にとって古来から特別な神社なのです。

この神社は熱心にお願いすれば一度の参拝でひとつだけ叶います。ひとつだけと書きましたが、そのひとつが叶うということはどれだけ素晴らしいことか分かると思います。私たちにとってどうしても叶えたいときに叶えてくれる熊野の神様の存在は大きいです。効き目が凄いので私はどうしても叶えてほしい願いは、この熊野本宮大社でお願いして叶えてきました。転職、金運招来、人間関係の改善など叶いました。

日本随一の慈悲深い神様で、穢れがある人や罪を犯した人でも願いが叶うと言われています。逆にささいなお願いごとであれば熊野にお願いするまでもないというのが私の持論です。熊野は自分の能力ではもう限界で、それを乗り越えないとやっていけないことがある時に遠路はるばる参拝するのが良いのです。

そうすると「よし、よし、よく遠路はるばる来たのお～」と熊野の神様は愛でられるのです。とても貴重でありがたい素晴らしい神様です。

沖縄を代表する波上宮（沖縄県）

波上宮と首里城の二つは沖縄県では格別の強い先人達からのパワーがあります。

波上宮に参拝した多くの方が感じるのが健康運の向上です。

妙に全身が軽くなるという声を私のお客様から多数聞きます。宇部神社（鳥取県）への参拝や徳之島に旅行に行くのと同様に寿命が延びます。実際に沖縄県民の皆さんは寿命が長いことは知られています。

また、人間関係が豊かになります。沖縄県の皆さんが非常に親しみやすく人気が出るのは波上宮の神様の良き影響でしょう。

波動が高く願いが叶う善光寺（長野県）

「一生に一度は善光寺参り」と江戸時代から伝えられている善光寺。長野県を代表する名所です。

長野の観光旅行には必ず入っていますので訪れた方も多いと思います。

私は波動測定もしている関係でこの善光寺の波動の高さに非常に注目しています。

通常は神社仏閣は標高が高ければ高いほど波動が高くなる傾向があります。この善光寺は標高4百メートルほどなのですがとても素晴らしい波動の高さなのです。

御本尊の「一光三尊阿弥陀如来（善光寺如来）」はインド・朝鮮半島百済国を経て、仏教伝来とともにもたらされた日本最古の霊仏と言われています。この仏様の波動なのかまだ解明には至っていませんが長野県を代表する神社仏閣のひとつです。

お寺に行ってお願いをするのには慣れていない方が多いと思いますが、善光寺では遠慮なくお寺に入ったらブツブツとお願いを始めることをお勧めします。

また、明確なイメージを浮かべながら願いを唱えると特に叶いやすかったです。

北東北の要所は絶景の岩木山神社

津軽富士とも呼ばれる美しい岩木山のふもとにある青森の神社で、創建千二百年の歴史を持っています。

この神社も非常に波動が高い神社です。外敵を防ぐという功徳は同じ東北の秋田の神社にも見られるものと同じですが、太古かつては外国からの侵略の際に青森の人たちが懸命にお祈りしたのでしょう。外敵を防ぐだけでなく、今や東北を代表する神社として恋愛運、結婚運、仕事運と何でも叶える神様として親しまれています。写真は奥宮ですが、奥宮でなくても里宮で功徳は頂けますのでご安心ください。

また、ねぷた祭りの際には岩木山や東北の龍神が降臨し、参加者に元気・活力・運気を与えてくれます。

抜群の神力を持つ八坂神社

八坂神社は京都を代表する神社です。

京都市内の神社の中でもかなり異質なパワーを感じることができます。これは本殿のご祭神が牛頭天王であることが大きいです。

呪術的なパワーは同じ京都ですと清明神社でも感じますが、八坂神社は総合的に叶える力が強いのです。

それだけ長い歴史の中で庶民の多くの願いを受けてきた証拠でもあります。

多くの末社があり、それぞれ非常に早期に叶えられるという特徴があり重宝しています。

第11章

蘇り復活した
すごい神社

人生をやり直したい時は気比神宮

気比神宮は福井県に鎮座する越前國一之宮です。敦賀駅から徒歩で15分ほどで到着します。外拝殿向かって左手の控所に歴代天皇の肖像画が飾ってあるのが非常に印象的です。皇室とのつながりの強さを示すものでもあり圧倒されます。

神々の御神徳が宿る神水があり千百年以上枯れない、長命水として親しまれています。私が会社員生活の最後、失意の中で「今、多少問題があってもやり直しが効く、人生はまだ長いのだ」と勇気をもらった神社です。それから独立をしましたが気比神宮のパワーを頂いたのは私だけでなく多くのやり直したい方々はおかげを頂いています。

強運厄除け！生き延びるための神社は小網神社（東京）

私が東京都中央区でよく講演会や講座をしている関係もあって、最も参拝している神社のひとつです。小網神社はとても小さな神社です。

しかし、小網神社自体、不死身の神社と言われるくらい不思議なすごい神社です。関東大震災で社殿は倒壊したのですが、御神体を抱えて避難した宮司とともに行動した人々は命を落とさず助かったエピソードもあります。

戦前、ここで参拝した方は戦争に出兵しても無事に戻ってきたと言われています。「強運厄除守」を授けられた兵士は無事だったのです。東京大空襲でも被害に遭わなかったのです。そんな信じられないほどのパワーのある神社なのです。

だからというわけではなりませんが、関東に住んでいる方は小網神社での参拝をお勧めしています。金運も授かることで有名です。

小網神社で参拝した方は関東で大きな災害や天変地変が今後あった場合でも助かる可能性がグッと増えますのでお勧めする次第です。

過去に感謝して新しい息吹を感じる功徳の山王神社（長崎）

最終章のゼロ磁場の神社を除いては紹介する最後の神社が長崎県の山王神社です。長崎大学病院のほど近くの閑静な住宅街の一角にあります。境内へと続く石段を見上げると、両脇には神社を守る狛犬。そして大きな大きな2本のクスノキがあります。

この神社は長崎の原爆の爆心地にあります。

福山雅治さんが二〇十四年に発表した名曲「クスノキ」で知った神社で、日本人なら一度は必ず訪れなければと思って参拝に行った神社です。私は時折、福岡は博多で鑑定する機会を設けていますのでそこから長崎に足を伸ばしました。

長崎と言えば諏訪神社が有名で本当に素晴らしいご祭神が鎮まっています。しかしながら山王神社にも特別なご祭神が鎮まっているのです。

ここで見えたイメージがご祭神が非常に慈悲深く、熊野本宮大社で感じた熊野権現の慈悲深さとまた違った次元の違う包容力を感じたのです。

山王神社は爆心地がゆえにそのほとんどが一瞬にして破壊されてしまいましたがその後、再建されて現在に至っています。

私は物事が本当に行き詰ったときに時間を作ってこの地を訪れます。

本来なら行き詰まっているなら遠くに行く時間も惜しく処理をしなければならないはずですが、行くたびに心が洗われて、次元の違った解決策が浮かんでくるのです。

山王神社の境内入口にそびえる2本のクスノキは、樹齢が約6百年。

被爆して枯れ木同然になったもののその後、2年ほど経ったころから奇跡的に息を吹き返し、今では元気な姿を見せてくれています。そのクスノキの姿は美しく、生命の神秘や生命力を感じます。

長崎の山王神社は私たち日本人が決して忘れてはいけない神社なのです。

第12章

ゼロ磁場の特別なすごい神社

今までこの本では目的別に特に願いが叶う神社を紹介してきました。

この章ではとても不思議な力があるゼロ磁場の神社について触れていきます。

私は大学時代から今に至るまでかなり多く旅行や神社参拝で全国各地を巡ってきました。各地それぞれ風情があり、その地方それぞれに特徴があり、まるで人間ひとり一人の人情の機微のように感じるものです。

そんな中、思わず「ここに住めれば本当に幸せだな」と心の底から思えた場所が何ヶ所かあります。

心が落ち着く特別に清浄な気、またそこはとなく幸福感がこみあげてくる土地。

それだけでなく、私自身、それまでの疲労が気がつくと消えていたという不思議な経験を何度も体験しています。

私の知人で体調が芳しくない方はどこで聞いたのかゼロ磁場にわざわざ出向いたりもして体調回復という成果がありました。

それは今から述べる場所が全て当てはまっていたのです。これには本当に驚かされました。

のちに今挙げたその全ての土地が珍しいゼロ磁場の土地であることが判明し、驚嘆しました。

「ゼロ磁場」といえば長野県の分杭峠がゼロ磁場の代名詞のように言われ、多くの方が耳にしたことがあるかと思います。

ちなみにゼロ磁場の0と磁力、磁気が0ということとは全く意味が違います。

ゼロ磁場とは磁力の＋と－の力が拮抗した状態を保っている場のことを示しています。N極とS極の磁気がお互いに打ち消し合いつつも磁力の高低の変動が大きく、全体的にはゼロに近くて磁気の低い状態を保っている場所のことです。

確率的に言えば、地球上で稀に存在する場所になります。

特に神聖な神社や効能の高い温泉が存在する場所が、ゼロ磁場であることが多く報告されています。

それでは本書では数あるゼロ磁場の神社の中から3つの神社を紹介します。

圧倒的な勝利を導く日本アルプスの神々　諏訪神社

私は諏訪湖が大好きで訪問するといつまでもそこにいたくなってしまいます。あとでゼロ磁場と知りました。

さて、長野県の諏訪神社は全ての始まりに強い神社です。

何も無いところから大いなる一歩を踏み出そうとするときに強力な御加護があると多くの経営者が語ります。

諏訪といえば有名なのが７年に一度の御柱祭りですね。

荒々しく躍動感がある祭りは諏訪の龍神の発露と言っても良いでしょう。

実は諏訪は戦いを導いてきた軍神です。

諏訪明神を慕い信仰したものたちを諏訪の神様は救い、延命させました。

この現代は命を落とす戦いはないものの、男女問わず、仕事場が戦場という方も少なくないのではないでしょうか。

昨今の働き方改革のしわ寄せで勤務時間は短くなっても仕事の求められるレベルが下がるわけでもなく、まさに締め切り間際は戦場のような有様のビジネスマンも決して少なくないと思われます。

諏訪の神々は戦いに勝利させる功徳があります。そのような祭られ方をして全国の武士がみな勝利を願ったため、そのような磁場が確立されたのです。諏訪の神は負けを知っている神様です。一度、負けています。

負けるが勝ちと言えば矛盾を感じる方もいるかもしれませんが、一度、負けを知ったものこそが復活を遂げて再び勝利するとも言えるのです。

これは日本の歴史そのものとも言えます。第二次大戦で日本は敗戦した後、驚異的なスピードで経済復興を遂げたのです。神様がくれた奇跡も言えます。

才能を発揮したいなら高野山

高野山は弘法大師が開いた場所で、神霊的には空海さんに会える場所のひとつです。弘法大師が好きという方は既に参拝されていらっしゃるでしょう。これから行く方はどのようなお願いが良いか考える必要があります。高野山では弘法大師に日常生活の様々な事柄で助けられている感謝を述べると良いのです。

直接、助けられたという自覚はないと思いますが、私たちを守っている存在が弘法大師にお世話になっていたかもしれませんし、感謝されると良いです。また、多彩な才能を発揮していきたい方は特に高野山がお勧めです。

物事の完成イメージを出現させる聖地　伊勢神宮瀧原宮

瀧原宮は皇大神宮（内宮）の別宮で天照坐皇大御神御魂をおまつりしています。

瀧原宮は伊勢神宮の内宮・外宮等七社の内のひとつです。（二十年に一度の式年遷宮は、伊勢神宮の翌年に斎行されています。）

こちらの神社は伊勢神宮のある外宮や内宮からは歩いて行くことは困難な距離にある場所にあります。車でも伊勢神宮からは40分から1時間程度かかります。

この神社は倭姫命が御杖代として皇大神神を奉戴して、宮川下流から上流へと御鎮座の地を求めて進まれて、当地に神社を建てられたのが起源です。

倭姫もその後の伊勢神宮の内宮のイメージをここで授かったのです。

ゼロ磁場なだけにこの瀧原宮には3つの不思議があります。

ひとつはねじり杉と言われるもの。左ねじりの杉の木ことです。また、ハート石もあります。境内にハートの形をした石が2つあります。もうひとつは「神の手」。

右手で大地をつかむように見える木の根が神の手のように見えるということで話題になっています。

この神社は完成のイメージを作りたい方にとっては最高の場所です。

また、完成になんとかこぎつきたい方に大きな力を与えてくれます。

例えば、長年つきあっている人がいるがなかなか結婚してくれない方、なかなか出世できずに悩んでいる方などにどうやったらそうなれるか具体的な指針をイメージで与えてくれる神様です。

そうです。ここに来ると物事の完成が間もなくやってくるのです。吉兆を呼び込む神社なのです。

また、とても神秘的な空間ですので心も癒されることになると思います。

是非、一度、伊勢神宮瀧原宮に参拝してみてください。

おわりに

本書を最後までお読みいただきありがとうございました。

歴史をひもとけば日本という国は常に神々とともにありました。

そして日本の国民も常に神とともに歩めばその未来は安泰だと思います。

「参れば叶う」。つまりは願えば叶うというシンプルな構図が成立する奇跡の国がこの日本の神社システムです。これは非常に明快な構図で、私たち日本人に大いに馴染むものです。そのようなシステムを残してくれた先人に深い感謝をするものです。


今回の「超絶で願いが叶った すごい神社」は私の10冊目の本になります。

一冊目の本は手相の本でした。それから占いの本を3冊、ノート術の本を4冊、自己啓発の本を1冊、そして今回初めて神社の本を書き下ろしました。

今までは同じ「神さま」のお話でもノートの神さまの本を多く書いてきました。

開運のためには、「ドリームノートに願いを書いてください。」それから「3泊4日以上の吉方位旅行に出かけてください」とずっと発信し続けてきました。

ノートに夢を描き続けることで願いを叶えることができます。また、3泊4日以上、直線距離で百km以上の吉方位に旅行に行けば1年以内に結婚できたりします。仕事も上手く行きますし、金運も上昇します。

もちろん、本書の出版でそれらが変わることはありません。

逆に本書を出版することによって、これから声高に私も「開運のためにすごい神社に行ってください」と言い易くなります。これはとてもありがたいことです。

さて、よく自分のことは自分が一番分からないというフレーズを聴くときがあります。私も作家活動10年を過ぎた頃に、自然な流れが整ったのでしょうか。

自分にとって空気のような当たり前過ぎる「神社」をテーマにしての本を書いてみようと思いました。

幼いころから親しんできた神社が自分にとって当たり前過ぎて今まで書けずにいたようです。

この日本の8万を超える神社の中で紙面の都合とはいえ計150社（分社を含めると164社）の神社の紹介にとどまることになりました。

機会があれば、今回の書籍で誌面の都合で取り上げることができなかった掲載できなかった素晴しい神社のお話を是非、執筆してみたいと考えています。

今回の本は今までの9冊の本に比べて最も短い執筆時間で原稿が完成しました。正味、合計時間で言えば3日ほどでしょうか、一気呵成に書き上げることができました。

それ位、自分の中に神社が当たり前に存在していて、執筆の大変さよりも、幼少の頃からの自分と神社の歴史を振り返る喜びや楽しさが上回り、正直、ずっとこの本の執筆に携わっていたいと思えたほどでした。

そのように思えたのは2冊目の「アストロ風水開運法」以来の感覚でした。

あの本の内容もすごい神社と同様に世の中にこんなにすごい開運法があるんだ！読者の皆さんにそれをお伝えできる！という純粋な気持ちとワクワク感がかなりあったので、執筆していて本当に楽しかったのです。

書く時間が名残惜しいというのはきっと物書きにとっては良いことなんだろうと思えました。

本書も書き終えるのが本当に名残惜しいのですが、そろそろ筆を置くときが来てしまったようです。

また、今回の「超絶で願いが叶った すごい神社」の出版にあたり以下記載の皆様に多大なご協力を頂きました。深い感謝とともに氏名を掲載させていただきます。
楠香織さん、香守海　碧玲さん、宮川明子さん、大森洋子さん、浅井誠子さん、竹内絵美さん、吉田康子さん、野々垣美穂子さん、鈴木智香子さん、加藤瑛二さん、二ノ宮拓自さん、園田高信さん、森山佳子さん、桜井かおりさん、高野泰子さん、福田徳子さん、疋田真弓さん、藤田能広さん、誠にありがとうございました。

最後に、読者の皆さまが本書のすごい神社への参拝により、ますます幸せになれますように願い本書の終わりとします。

丸井章夫

■参考文献　『神社のいろは』神社本庁監修（扶桑社）、『アストロ風水開運法で恋愛・お金・健康…をGET!!』（心交社）、『幸運を引き寄せたいならノートの神さまにお願いしなさい』（すばる舎リンケージ）、『運命のパートナーを引き寄せたいならノートの神さまにお願いしなさい』（すばる舎）※後半3冊は自著

【著者紹介】

丸井章夫 （まるい・あきお）

運命カウンセラー。作家。ノート研究家。手相家。
1972年、秋田県生まれ。明治大学政治経済学部卒。
名古屋市在住の運命カウンセラーで多くの著作を持つ。また驚くほど開運時期、結婚時期が当たると評判の手相家でもあり名古屋、東京に鑑定オフィスを持ち活動している。

幼少より人間の心理と精神世界に興味を持ち、小学生のころには心理学や哲学の本を読みあさるようになる。その後、手相の知識を身につけて19 歳でプロとしての仕事を始める。以来、25 年以上にわたり、のべ4万人以上の鑑定数を誇る。北海道から沖縄まで申し込みをする人は絶えず、カウンセラーとしては超異例の「1 日15人以上」という数字を記録することもしばしば。
「毎年100人以上のクライアントが1年以内に結婚している」「これまでにアメリカ、カナダをはじめ、世界11ヶ国からも鑑定依頼が来ている」など、脅威の実績と人気を誇っている。

また、現在、開運ノート術セミナーを各地で開催し、のべ500人以上に幸運を引き寄せるノートの指導を行っている。

著書には『金運を引き寄せたいならノートの神さまにお願いしなさい』（サンライズパブリッシング）、『運命のパートナーを引き寄せたいならノートの神さまにお願いしなさい』（すばる舎）、『幸運を引き寄せたいならノートの神さまにお願いしなさい』（すばる舎リンケージ）、『引き寄せノートのつくり方』（宝島社）『手相で見抜く!成功する人　そうでもない人』（法研）、『100日で必ず強運がつかめるマップ　　アストロ風水開運法で恋愛・お金・健康…をGET!! 』（心交社）、『恋愛・結婚運がひと目でわかる 手相の本』（PHP研究所）、『成功と幸せを呼び込む手相力』（実業之日本社）、『あきらめ上手になると悩みは消える』（サンマーク出版）などがある。

共著には『願いが叶う！ 人生が変わる！「引き寄せの法則」』（宝島社）、『お金と幸運がどんどん舞い込む！ 神様に願いを叶えてもらう方法』（宝島社）、『書けば願いが叶う4つの「引き寄せノート術」』（宝島社）などがある。

東京鑑定オフィス 東京都品川区東中延2-6-16 カレーの文化２階
名古屋鑑定オフィス 名古屋市中区千代田3-22-17 一光ハイツ記念橋１階店舗
https://heartland-palmistry.com/
連絡先メールアドレス info@solabs.net

超絶で願いが叶った すごい神社

2019年 12月10日　第1刷発行

著 者　丸井章夫

発 行　マーキュリー出版
〒460-0012　名古屋市中区千代田3-22-17　一光ハイツ記念橋105号室
TEL　052-715-8520　FAX　052-308-3250
https://mercurybooks.jp/

印 刷　モリモト印刷

落丁・乱丁本はお取り替えいたします

ISDN978-4-9910-8641-0